思考世界的少年

# 和孩子聊聊经济

张薇薇◎著

中国妇女出版社

图书在版编目（CIP）数据

和孩子聊聊经济 / 张薇薇著. -- 北京 ：中国妇女出版社，2023.2
（思考世界的少年）
ISBN 978-7-5127-2180-7

Ⅰ.①和… Ⅱ.①张… Ⅲ.①世界经济－问题－青少年读物 Ⅳ.①F113-49

中国版本图书馆CIP数据核字（2022）第187290号

选题策划：赵　曼
责任编辑：赵　曼
插　　画：谢　意
封面设计：末末美书
责任印制：李志国

出版发行：中国妇女出版社
地　　址：北京市东城区史家胡同甲24号　　邮政编码：100010
电　　话：（010）65133160（发行部）　　65133161（邮购）
网　　址：www.womenbooks.cn
邮　　箱：zgfncbs@womenbooks.cn
法律顾问：北京市道可特律师事务所
经　　销：各地新华书店
印　　刷：三河市祥达印刷包装有限公司

开　　本：150mm×215mm　1/16
印　　张：12
字　　数：100千字
版　　次：2023年2月第1版　　2023年2月第1次印刷
定　　价：58.00元

如有印装错误，请与发行部联系

# 序言

2018年，港珠澳大桥通车。我家老大当时4岁多，听我和他爸爸聊起这座揽获太多“世界之最”的跨海大桥时，非常好奇。于是，我用他能懂的大白话，详细描述了港珠澳大桥的过人之处，还找来视频，一起看了大桥合龙及相关的科普知识。接着我们一起看地图，探讨了修建大桥的意义。娃虽然一知半解，但兴趣盎然。

从那以后，我会主动留心各类新闻信息，一有合适的就讲给他听。而孩子的反应和思考也常常会让我惊喜。现在，哥哥快9岁了，弟弟5岁，聊新闻已成为我们家经常做的事。他们的知识储备和思考力在一次次沟通中慢慢积累，眼界也逐步拓宽。

从2020年起，我开始在公众号上不定期地给孩子们讲新闻。有合适的新闻事件，我会第一时间录讲解音频，从现象到本质地梳理新闻事件所涵盖的方方面面，进行深刻的分析和思辨引导，以带给孩子一定的启发。无数孩子通过我的讲解看到了社会的不同面，了解国家、了解世界的同时不断思考。

这套书从策划伊始，目标就很明确——选取合适的事件、现象或知识点，帮助孩子了解世界、思考世界。

孩子天生对万事万物感到好奇，而成年人要做的，就是让他们知其然，也知其所以然。

为什么总能听到“两个一百年”的说法？具体指的是什么？与我们有什么关系？

为什么我们国家要实行“双减”政策？

《民法典》的颁布意味着什么？

为什么北京要举办两次奥运会？

为什么中国空间站万众瞩目？

为什么西双版纳的大象要“离家出走”？

大家都在说的“双碳”到底是什么？

互联网医疗是怎样帮助我们的？

为什么中国是世界上最大的无现金支付国家？

为什么中国气象站要架设到珠穆朗玛峰上？

中国航天员在天上要做哪些工作？

……

诸如此类的话题，我都甄选到这套书中，并一条条给孩子细细拆解。为了确保信息的可靠度和严谨性，无论新闻来源，还是相关知识点，均来自人民网、新华网、光明网、央视网、澎湃新闻等权威媒体，以及中国教育新闻网、工信部等政府相关部门网站。

从时事政治到全球经济，从生态保护到社会生活、科技发展，这套书从 5 个角度，一共选取 50 个新闻事件分析解读，可以帮助孩子更深层次地认知世界，看到社会运转的关联性及本质。让孩子清楚地知道当下发生的事，明白自己身处于怎样的世界，个人的行为对社会有什么影响，日新月异的科技将为我们带来哪些改变……

写作这套书，是为了帮助孩子更好地思考。当今社会充斥着各种各样的信息，而孩子天性好奇而敏锐，迟早会陆续接触到各种小道消息和八卦新闻，可能会在纷杂的信息中迷失方向。而从小接触新闻解读的孩子，会拥有更高级的精神世界和更独立的思考力。随着成长，他们逐渐学会明辨是非，不被谣言蛊惑，也会更好地认知世界、认知自我。

另外，读新闻、分析新闻、积累新闻素材的必要性，也体现在历年的中考、高考里。

一些新闻事件背后有深远含义，也涵盖了大量知识。这些内容会大大充盈孩子的写作素材库。积攒的东西多了，写作文时才能随取随用。如果仅仅积累而不思考的话，就会流于表面，无法自如运用。

很多人觉得，孩子太小，听不懂新闻。所以，选取合适的话题，用孩子能理解的大白话，把看似高深的知识讲清楚，非常考验大人的功力。为了让孩子理解透彻和有效思考，我录制了配套的音频课。孩子可以在阅读时同步听讲解，也可以在碎片时间直接听音频。

希望无论是孩子还是大人，都能在思考中前进。

张薇薇

# 阅读指导

## 在信息化时代，我们应该怎样读新闻

在当下这个信息爆炸的时代，每个人随时随地都能刷到各种消息，但并不是所有的消息都是真实的。我们经常在听到一则消息后不久，就会听到相关的辟谣；新闻事件也总会发生接二连三的反转。面对汹涌而来的信息，怎样独立思考、辨别真假，是生活在网络信息时代的我们必备的一项能力。

我们该怎样擦亮双眼，识别假新闻？

### 假新闻产生的原因

有的孩子可能会问，为什么有人会编造假新闻？这对他们有什么好处呢？编造假新闻的原因其实有很多。

比如，很多人编造假新闻，只是想获得更多人的关注，吸引更多“粉丝”，从而满足自己的虚荣心。

还有些人这么做是为了赚钱。因为假新闻往往会博人眼球，引起很多人的点击与关注。

## 如何识别假新闻

首先，要警惕“标题党”！所谓“标题党”，就是文章标题和内容不符或者偷换概念。“标题党”为博读者的眼球不惜歪曲事实，想尽办法取一些夸张、惊悚的标题，比如：“震惊！不知道这些你会后悔终生！”这么做就是为了引起你的好奇心，让你忍不住点进去一看究竟。但是，真正的新闻标题应该传递事实本身，而不只是为了博人眼球。

其次，一定要看它的信息来源。问问自己：这则新闻的来源是哪里？是谁发布了这则新闻？如今处于网络时代，所有人都可以发声，如果别人说什么你就信什么，那就大错特错了。

即使是有来源的信息，信源的可靠程度也不一样。一般来说，主流权威媒体的可信度要高于自媒体。

在我国，主流权威媒体包括中央级别的媒体，如新华社、人民日报社。地方媒体，如《北京青年报》、澎湃新闻、《南方都市报》等。这些权威媒体发布的消息相对来说更准确，因为权威媒体有一套明确的新闻操作规范，从记者采访到校对审核、总编签发，这套流程能最大程度避免假新闻。

当我们对一则新闻产生疑问时，不妨交叉验证一下，去找找是否还有其他媒体报道了这件事情？有没有更权威的消息来源？

比如，为了求证“新冠病毒能治疗癌症”的说法是否属实，我们可以搜索关键词“新冠病毒”“癌症”，会发现网上有大量相关文章，其中一篇文章的标题是《新冠病毒“治愈”癌症：这不是医学奇迹，也不值得推广》。读了这篇文章后你就会知道，目前学者对肿瘤消退的原因只是进行了猜测，并没有实验和数据证明新冠病毒真的能杀死癌细胞。

这篇文章的特约作者是第三军医大学的一名硕士，并且由北京大学基础医学院的一名博士后审稿。文章还列举了文中事实数据的参考文献和来源，以及发布平台的编辑、校对人员名单。所以，相比一些没有事实根据的文章，这样的文章更可信。

再次，要学会区分观点与事实。事实是通过证据可以证明的事情或概念，而观点是某人对某事的想法或感觉。

比如“香蕉是黄色的”，这是客观存在的事实；而“香蕉很好吃”，就是带有个人偏好的观点。

最后，要知道“眼见不一定为实”。现在，网上的很多图片都是经过图片编辑软件处理的。不仅图片如此，视频也能造假。

希望读者读完这套书后会有一些转变：看到一则新闻的时候，不会轻易相信并随手转发，而是思考一下，这则新闻是谁发布的，是否可信，逻辑上有没有问题，我要不要去复核一下。始终带着独立思考和质疑精神，全面分析，不断章取义。如果能做到以上几点，那么恭喜你！你已经在鉴别假新闻的道路上迈出了重要的第一步。

THINKING

# 目录

## 7 从冰墩墩看 IP 经济，你了解多少呢？



## 8 为什么要遏制科技巨头的垄断呢？

- 丝绸之路
- 一带一路
- 共赢

THINKTING

中国为什么
要提出
“一带一路”
倡议？

你一定听过“一带一路”吧，这是我们国家近几年提出的一个重要的对外合作倡议。

“一带”指的是“丝绸之路经济带”，而“一路”对应着“21 世纪海上丝绸之路”。有人说，“一带一路”就是现代版的“丝绸之路”，那我们不妨先回顾历史，了解一下古代的两条丝绸之路吧。

# 古代丝绸之路

古代的丝绸之路一般指两条，分别是“陆上丝绸之路”和“海上丝绸之路”，它们都起源于中国。

早在 2000 多年前，汉武帝派一个叫张骞的使者出使西域，也就是出了玉门关、阳关再往西去的地方。大家可以对照地图，找一下如今的甘肃敦煌和新疆交界的那个地方，就是玉门关所在地。张骞以西汉首都长安（现在的西安）为起点，经过敦煌和楼兰，向北到达吐鲁番盆地，再沿着天山北麓西行，经伊犁河谷、昭苏草原，最后抵达乌孙国都赤谷城（位于吉尔吉斯斯坦境内），开辟了一条陆上运输道路。张骞出使西域打通了中国跟很多国家的商业往来，可谓开跨国经商的先河。

自此，人们就用马和骆驼等当时的“交通工具”驮着货物，穿过沙漠，开始和西域人做买卖。最开始，这条路的作用就是把中国古代生产的丝绸、瓷器等商品运到西方，再把西方的香料等商品运到中

国。19 世纪，德国地理学家李希霍芬首次把这条连接东方与西方经济、政治、文化等诸多方面交流的通道，称为“丝绸之路”。这个提法受到了很多学者的认可。

由于很长一段时间，中国的国力强盛、物产丰富，所以想跟中国做生意的国家很多。随着航海技术的发展，人们又开辟了一条海上丝绸之路。这条海路从中国经中南半岛和南海诸国，穿过印度洋，进入红海，抵达东非和欧洲，途经 100 多个国家和地区，成为中国与外国贸易往来和文化交流的海上大通道，在明朝郑和下西洋的时候进入了鼎盛时期。

郑和曾七次率领船队远渡重洋，最远航行到了非洲东海岸和红海沿岸，和许多国家成为贸易伙伴，让世界认识了中国。他们带回了无数珍宝特产，比如，长颈鹿就是那时候第一次被带到中国的。

# “一带一路”和“丝绸之路”有什么不同

了解了两条丝绸之路的历史后，再来了解“一带一路”。

2013 年，中国国家主席习近平提议，要开辟规模更大的新丝绸之路，不仅是为了方便这些区域的国家互相买卖东西进行贸易，更是希望中国和其他国家，主要是丝绸之路沿线的国家发展合作，在经济、政治、文化上形成一个紧密相关的共同体。

和古代的丝绸之路一样，“一带一路”的建立可以让更多的商品在全世界流转，让人们可以更方便地在各个国家之间往来。不同的是，现在我们不再使用骆驼运输货物，而是用卡车、火车、轮船、飞机这些现代化的交通工具实现货物的流通。

与古代的丝绸之路相比，“一带一路”所包含的范围更广，它贯穿亚欧非大陆，沿线国家占世界人口的 60%、全球经济总量的 30%。大家不妨对照世界地图，看看有哪些国家属于“一带一路”沿线国家。你们会发现，这些国家有个共同的特点，就是大多是发展中国家，这意味着它们一方面经济发展水平不高，但另一方面也蕴藏着巨大的发展潜力。

另外，有一些其他的非沿线国家，比如英国、瑞士、新西兰、阿根廷、智利……也都是“一带一路”的参与国。原则上讲，任何国家只要跟中国和其他国家达成协议，就可以参与其中。截至 2022 年 7 月，中国已经跟 149 个国家和 32 个国际组织签署 200 余份共建“一带一路”合作文件。

## 重走古代丝绸之路，实现互惠互利

如今的“一带一路”是靠公路、铁路加上其他现代化交通工具连接起来的，但是“一带一路”不仅仅是打通国家间的通道这么简单。“一带一路”提倡的是增强国与国、人与人之间的合作。

### 输出基础设施建设能力

具体来说，中国会帮助其他国家建造大楼、高速公路、铁路、飞机场，甚至是油气管道和网络这样的基础设施。

为什么我们要帮别人建造基础设施呢？

一方面，是因为中国拥有先进的基础建设技术。新中国成立后，经过几十年的发展，我们的优势产业已经从古时候的丝绸、茶叶这些手工业变为现代基础设施建设。2005 ~ 2017 年是中国高速公路的高速发展时期，在这期间，中国新增高速公路 7 万多千米，位居世界第一。而铁路方面，中国以 12 万千米的铁路里程位居世界第二。此外，目前世界上很多高难度、创纪录的桥梁，都诞生于中国。就是这样，中国凭借一系列大规模基础建设和超级工程，被冠以“基建狂魔”的称号。

另一方面，我国对基建的需求正在慢慢下降。经过数十年的飞速建设，国内的基础设施已经日益完

善，有待开发建设的地方越来越少，而通过“一带一路”这个项目，中国可以把自己强大的工业建设能力带到一片更广阔的空间去施展。

比如，你擅长某个学科，平时除了自己学得很好，你还乐于助人，愿意帮助同学们一起提升学习成绩。那么，在你有需要的时候，同学们肯定也非常乐意给予你帮助。这种互助进步，就会让大家变得越来越好。同样地，这些基础设施建设项目对于中国和其他国家而言，也是一件互相帮助、互相进步，对彼此都有利的事情。

对于“一带一路”沿线的国家而言，首先，他们的基础设施会得到提升，这样整个社会的生产和生活条件就会提升。就像过去几十年的中国，因为铁路、公路的完善，经济也快速发展起来。其次，我们在当地开展建造项目，除了把中国的设备和技术人员带过去，还需要大量的当地劳动力。这样一来，当地人的就业机会变多，收入水平也会随之提升。

对于中国而言，一方面可以将积攒多年的经验技术输送到国外，另一方面可以和其他国家建立良好的关系。此外，我们也会从中获得收益。

首先，通过为沿线国家提供建设服务，我们可以和他们进行资源互换，得到一些我们缺少的原材料资源，比如木材、矿石，这样中国的发展就有了资源保障。

其次，修路造桥都需要钱，而这些发展中国家通常比较落后，没有钱，那怎么办呢？在“一带一路”建设当中，有一些项目是采用特殊的方式运作的。比如，我国为柬埔寨免费修建水库，但是建成后我国会有几十年的运营权。也就是说，在这期间靠水库发电赚得的钱是归我国的，若干年后再将这些基础设施归还给当地。这样一来，双方都得到了好处，实现了“共赢”。

还有一些缺钱的国家可以从亚投行借钱。亚投行是什么机构呢？为了解决“一带一路”沿线发展中国家缺少基建资金的问题，中国和几十个国家共同成立了亚洲基础设施投资银行，简称“亚投行”。亚投行就像这几十个国家共同拥有的一个“储蓄罐”一样，缺钱的时候可以从这里面拿钱，赚了钱之后要把钱还回来。这也是国家之间互帮互助的一种模式。

## 达成自由贸易协定

当一个国家把本国生产的商品出口到另一个国家时，后者的海关往往会收取一定的费用，这笔钱就叫作关税。

而有一些国家，为了促进彼此的贸易往来，会签订自由贸易协定，相互彻底取消商品贸易中的关税，建立“自由贸易区”。也就是说，商品可以在这些国家之间自由流动。

在“一带一路”项目中，中国和沿线的很多国家签署了自贸协定，这样我们互相买卖东西就更加方便了。对于中国的老百姓来说，土耳其的无花果干、越南的咖啡、斯里兰卡的红茶都会越来越频繁地出现在购物车里，中国人“海淘”也变得更方便、更实惠。

## 旅游、文化交流更频繁

随着跨国甚至跨洲铁路的建成，不仅贸易变得更加便捷，老百姓的跨境游也会更方便。对于中国人来说，未来坐着高铁游览欧洲将不再是梦。中国护照的“含金量”也会增加，也就是说，以后很可能不需要办理签证，凭借中国护照就可以直接到“一带一路”沿线国家旅游。

此外，我国的多所大学还为这些国家的留学生设置了非常优厚的条件，每年向沿线国家提供 1 万个政府奖学金名额，这样也促进了中外民间友谊的建立和深层次的交流。如果有更多的外国人来中国学中文，他们对中国的文化就会更加了解，中国文化也会慢慢地走向世界舞台，产生更广泛的影响力。

## 致少年

2020年新冠感染疫情全球大流行，世界经济深陷负增长旋涡。在这样的大背景下，中国却通过“一带一路”联通了世界，为全球经济发展增加了新的动能。未来，中国还将继续通过“一带一路”为世界经济贡献中国智慧和中国力量，以包容、开放的大国姿态带动世界经济进一步发展。

THINKING

## 想一想

在只有骆驼作为沙漠交通工具的2000多年前，祖先们走出了一条跨越沙漠的丝绸之路。当今，我们的丝绸之路有了新的模样。畅想一下，未来的丝绸之路会有什么样的新发展，会为我国和世界的经济发展、文化交流带来哪些新的机遇呢？

- 创新
- 高质量
- 中国制造

THINKTING

# 现阶段为什么要进行供给侧结构性改革？

2015 年 11 月，在中央财经委员会第十一次会议上，习近平总书记首次提出“供给侧结构性改革”。供给侧结构性改革、制造业高质量发展……这些经济学术语，听起来似乎离我们的日常生活很遥远，其实并非如此。接下来我们来了解一下什么是“供给侧结构性改革”，什么是“制造业高质量发展”，它们对我们的国家、对我们的生活有什么影响。

# 什么是供给侧结构性改革

任何商品的买卖，都是由供给方和需求方组成的。顾名思义，供给就是提供商品的一方，而需求就是购买商品的一方。

比如，你现在非常想要一块电话手表，因为你希望用它和同学们沟通聊天，出门也方便爸爸妈妈查找定位和你联系。你还希望电话手表有付款功能，可以满足你必要的购物需求。那么，你现在就是商品买卖过程中的需求方，用专业的经济学术语表达，就叫作“需求侧”。而电话手表的生产商，自然就是供给方，专业术语叫作“供给侧”。

那么你再想想，一个国家经济发展的良好状态应该是什么样的呢？要有足够丰富的好商品，能够满足人民日益增长的消费和使用需求。当然，人们也安居乐业，有较多的收入，有较高的生活幸福感。

所以，这也是我国提出“供给侧结构性改革”的原因。

改革，就是改变过去不好的，扬长避短，带来更多新的、好的变化。那结构性改革是什么呢？习近平总书记也给了我们答案：要减少无效和低端供给，扩大有效和中高端供给，增强供给结构对需求变化的适应性和灵活性。

这句话的意思就是：要多制造人们需要的品质好的商品，减少不太需要、供应过剩、科技含量不高的商品，要充分了解大家的需求，根据需求生产出更丰富的好物资。总之，就是让我们的生活和经济变得更丰富、更高效。

这一点，对于中国来说实在太重要了。

# 为什么要进行供给侧结构性改革

既然经济中有供给、有需求，那为什么我们国家要把重心放在供给方面的改革上呢？这是因为和需求比较，我国现在供给方面的问题更大，更影响国民经济的发展。那么，我国的供给处于什么样的情况呢？国家又针对这些问题进行了哪些改革？

事实上，我国已经连续 11 年位居世界第一制造业大国。为什么我国的制造业已经这么强大了，还要对供给进行改革呢？这是因为，制造业大国不完全等于制造业强国，我国在制造业质量上还有很多难关需要突破。这里说的质量，不仅指产品的优劣，而且还包含科技含量、投入与产出、对环境的影响等要素。只有科技含量越高，投入少、产出高，对环境的影响越小，整体质量才越高。

比如，我们经常用到的书本纸张，大多数来源于木材，低端的造纸工厂采取的可能是比较普通的技术，虽然纸张质量也很好，但对环境的影响比较大，科技含量比较低；而一些技术更先进的造纸工厂，能用更少的木材生产出更多的纸，还可以对废纸进行回收利用，对环境的影响比较小，而且因为科技含量比较高，定价也可以更高，这样在出口卖给其他国家的时候也更有优势。

当然这只是一方面。事实上，我国目前的供给侧主要存在以下几种结构性的不合理问题。

**第一是产业结构。**过去，我国高消耗、高污染、高排放产业的比重偏高，而绿色低碳产业、高科技创新产业的比重偏低。受科学技术水平的限制，我们只能以更多的消耗和环境破坏换来发展，生产出的商品没有科技含量方面的优势，价格低廉，在国际贸易中处于不利地位。

知道了问题所在，我们就可以想一想，如果你是领导者，会做出什么样的改变呢？既然我们已经知道产业结构的中心问题就是科技水平的限制，要做的当然是鼓励科技创新。

没错，国家的决定正是这样。现在，国家的政策就是加快推进科技体制改革，促进高技术含量产业的发展。同时，通过科技创新加快生态文明体制改革，为绿色低碳产业的发展提供更多的可能。

**第二是区域结构。**区域结构问题突出表现为人口的区域分布不合理。什么叫人口的区域分布不合理呢？过去，我国城镇化率偏低，农村人口远远多于城镇人口，给政府治理和公共服务建设带来了很大的挑战。

为什么这么说呢？因为农村地区人口分布更为分散。我们可以看看自己居住的地方，如果你居住在城市，居民楼都是成排成排的、高高的，一栋楼里可以容纳几十个甚至几百个家庭；而如果你居住在农村，人们一般都住在独立的房子里，房子通常不会太高，带有一个小院子，一栋房子里住着一个家庭。因此，农村人口比城市人口分散得多。

人口分散对经济有什么影响呢？我们可以想一想平时经常去的、公共场所和用到的公共设施，比如学校、医院、网络、燃气管道等，这些场所和设施都是有使用范围的。在人口密集的城市，建一所学校、一座网络信号发射塔就能服务很多人；在人口分散的农村，服务到的人就会比较少，所以，为了满足当地人的需求，需要建设更多的公共设施。这样一来，不仅建设难度大、成本高，还很难满足所有农村居民的生活需求。

**第三是投入结构。**投入结构是指为了制造出商品，要在哪些方面进行资源的投入。大家可以思考一下，如果你经营着一家制造公司，你会把投资放在哪里？是购买原材料、进行宣传还是人才引入、技术更新上？这些都属于投入要素。而其中的劳动力、土地、资源属于一般性生产要素，只要进行制造，就要有这些东西。

而人才、技术、知识、信息等属于高级生产要素，有时候看起来不是制造中必要的，但如果拥有，一定会对制造产生更强大的推动作用。

在供给侧结构性改革以前，中国经济发展过度依赖一般性生产要素投入，高级生产要素投入比重偏低。由此产生了高端产业较少、资源能源利用率较低等问题。

举个例子：黄金是从金矿石中提炼出来的，同样质地和重量的金矿石，如果提炼技术和设备比较落后，可能只能提炼出 1 克黄金；而如果有足够先进的提炼技术和设备，甚至可以提炼出 10 克以上的黄金。所以，为了提高高端产业的比重和资源能源的利用率，必须推进科技和教育人才体制改革，用科学进步带动产业发展。

**第四是排放结构。**工厂在生产过程中会产生废气、废料。而在我国的排放结构中，废水、废气、废渣、二氧化碳等排放比重偏高。这不仅是因为中国重工业所占比例过高，还说明目前我国的制造业环保技术不够发达，循环利用系统不完善。很多排放的废料都是可以二次利用的，而没有回收和二次利用的能力，这些东西就只能白白浪费。我们常说“垃圾是放错位置的资源”，比如，提炼金、银、铜后的废金属可以重新回炉加工、制作其他材料，废竹木、废纸板也可以用于制造人工板材，等等。

环保意识不强、环保技术不发达，造成了我国过去不合理的排放结构，进而导致资源的浪费和环境的破坏。任何以破坏环境为代价的发展都是在提前消耗后人的生存环境和资源，是无法持久的。因此，我们需要进一步推进生态文明制度改革，让环保贯彻生产生活的全部过程，发展环保科技，加强制造业废料回收再利用，在保护青山绿水的基础上发展社会经济。

# 供给侧结构性改革带来了什么影响

我国过去的供给侧确实存在很多问题，所以改革势在必行。那么，供给侧结构性改革改善这些问题之后，会对国家发展和人们的日常生活产生什么样的影响呢？

最为直接和显著的影响是推动社会经济的可持续发展，让我国朝着制造业强国的方向迈进。

2022 年 6 月，工业和信息化部副部长辛国斌介绍道：从 2021 年到 2022 年，我国工业增加值从 20.9 万亿元增长到 37.3 万亿元，年均增长 6.3%；制造业增加值从 16.98 万亿元增加到 31.4 万亿元，占全球比重从 20% 左右提高到近 30%。

据统计，全世界有 500 种主要工业产品，其中 200 多种产品产量居世界第一的国家都是中国。高

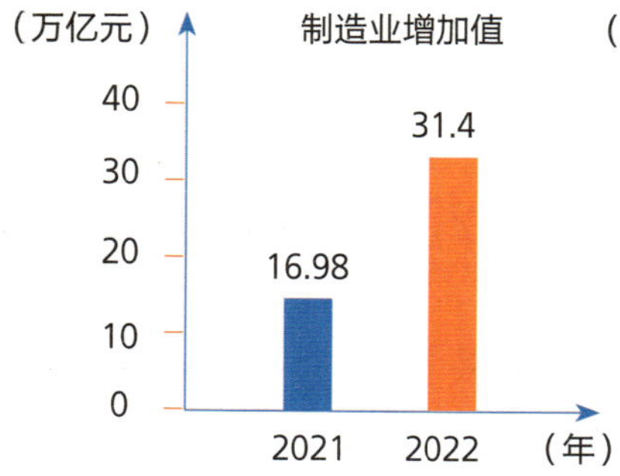


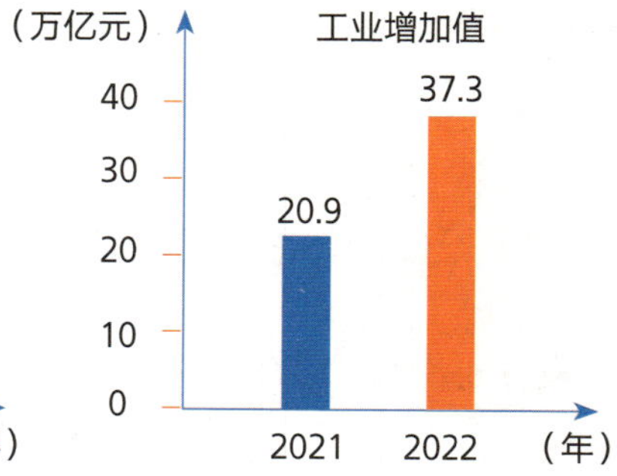


技术制造业占规模以上工业增加值比重从 2012 年的 9.4% 提高到 2021 年的 15.1%，光伏、新能源汽车、家电、智能手机、消费级无人机等重点产业已经走到世界前列，中国出口由过去的纺织、箱包、塑料等低端加工产品，逐渐演变为通信设备、工程机械、高铁等一大批高端品牌和高新技术产品。

我国的制造业在国际贸易中的地位越来越重要，我国的国际地位也随之不断提高。过去，提到“中国制造”，西方世界总会想到价格低廉的劳动力，低端加工的服装、玩具等。但现在，随着中国铁路技术走向世界、惊艳全球，华为等掌握自主核心技术的高新科技品牌在世界上的认可度不断提升，“中国制造”的标签正在一步步向“中国智造”转变。

当然，供给侧结构性改革与我们的日常生活也息息相关。改革之初，习近平总书记就指出，供给侧结构性改革的根本目的是提高供给质量满足需要，使供

给能力更好地满足人民日益增长的物质文化需要。你可以问一问长辈，在他们小时候市场上都有什么东西？他们小时候的生活是什么样的？随着我国制造业的不断发展，市场上的商品越来越丰富，能够满足我们更加多样的消费需求，让我们可以用更加合适的价格买到心仪的商品。

## 致少年

无论在什么领域，改革都不是一朝一夕能够完成的。我国的供给侧结构性改革仍然在不断推进中，表明了勇于创新、掌握高端技术的重要性。我们在成长过程中也应如此，永远不要满足于现状，勇于改变自己、挑战自己，才能不断提升能力、完善自我。

THINKING

## 想一想

结合这篇文章，想一想为什么我国提倡自主创新，要成为科技强国？供给侧结构性改革会给我们的生活带来哪些实际变化呢？

- 房价上涨
- 房住不炒
- 限购

THINKTING

为什么房子
不能像其他
商品一样
随便交易？

我们每天都住在自己家的房子里，从自己的房间醒来，走出房子去上学。你有没有想过这间房子的归属问题？这间房子为什么属于你呢？有同学可能会说，这是我们家花钱买的，那肯定属于我们呀！

但事实上，证明房子归属的不是购买记录，而是房产证。房子可不是有钱就能买的，买房也是有资格限制的。如果不符合买房的资格要求，就不能办理房产证，房子也不会属于你。

在中国，住房购买政策经历了一段非常复杂的变革历史。

## 中国住房购买政策的变迁

在新中国刚刚成立的时候，很多住房都是由国家分配的，并不完全属于居住者自己，是不可以自行买卖的。

1978 年改革开放之后，国家鼓励个人建房买房，这是中国住房制度的第一次改革。在这个时期，只要户籍满足要求，就可以按当时的政策买房，房子属于买主。

无论精巧温馨，还是宽敞大气，每个人都希望自己有一个舒适的家。而我们中国是人口大国，大家对于房子的需求量非常迫切，换句话说，就是刚性需求。

买方需求推动卖方市场，越来越多的地产商开始向政府申请购买土地的使用权和收益权，建造住宅提供给广大老百姓。因为购买土地的成本和所属区域不同，加上小区配套的物业服务和周边配套也存在差

异，所以不同城市、不同小区的房子有不同的价格。

但毋庸置疑的是，需求量越来越大，而可以开发的土地却越来越少，房价也越来越高。

从 2010 年开始，为了遏制房价过快上涨，各地也纷纷制定了限购政策。比如首都北京，从 2010 年 5 月 1 日起，北京家庭只能新购一套商品房，而且在购买之前要填写一份《家庭成员情况申报表》，如果提供虚假信息，就会被取消办理房产证的资格。

据统计，截至 2011 年 2 月，有 36 个城市实行了房产限购，只有满足要求的居民才可以购买住房。

到了 2015 年前后，情况发生了变化，房产限购政策逐渐放宽。呼和浩特、合肥、南宁、珠海、郑州、哈尔滨、福州、南京、苏州等城市相继宣布放宽甚至取消了先前发布的房产限购令。直到 2022 年，仍有新的城市不断加入房产限购的“松绑”潮流中。

## 为什么要实行住房限购令

假如你是一个商人，想让自己的货物畅销，那就要考虑市场情况和消费者需求。比如冬天到了，保暖类的衣物肯定比轻薄的夏装更容易被消费者接受，而春天来临之后，就要把货架上的冬装替换成春装。国家作为政策的制定者，也需要根据实际情况的变化，对政策进行相应的调整。所以，政策的合理变动不是一件坏事。

那么，从新中国成立到现在，尤其是21世纪以来，中国的房地产业到底发生了什么样的变化，导致这些政策的变更和调整呢?

不管在哪个国家，居民都会有住房需求。房地产业是国民经济的重要组成部分。在我国这样的人口大国，房地产业更是支柱性产业。开放房屋交易不仅能够免除国家分配的负担，还能促进国民经济的发展，何乐而不为呢？世界上的绝大多数国家也都是这么做的。

虽然任何一件事情发展到一定阶段后，有可能带来好与坏双面的影响，但是我们可以在做出决定时选择那些利大于弊的做法，并且预防或者及时解决可能出现的弊病。

自20世纪80年代，我国的商品房（可用于交易的房子）兴起之后，房地产市场也慢慢地出现了一些问题：一方面，我国的人口数量不断增加，人越多就意味着买房需求越大；另一方面，因为受到技术、资金等方面的影响，房地产开发商的建房能力有限，短时间建不出足够的房屋，这就产生了“供不应求”的现象，也就是消费者的需求量超过了生产者的生产量。

你可以想一想，如果市场一直处在“供不应求”

的状态，会发生什么情况呢？当然是商品价格会上涨。因为人人都想买，但商品数量又不够，这种情况下，商品卖给谁就由生产者决定，那他们肯定会优先选择出价高的消费者，房价就是这样一步步涨上来。

按照市场规律，出现了“供不应求”，那就应该扩大供给，国家可以加强建筑行业的技术发展，让他们造出更多的房屋，满足消费者的需求就可以了，而不是限制购买。

那为什么国家要限制购买房屋呢？这是因为出现了不合理的购买需求，那就是投资性购买，也就是我们常说的“炒房”。“炒房”是指购买房屋不是为了自己居住，而是为了囤货，低价时买入，等到房价上涨以后再卖给其他人，从中赚取差价。房价一直处在迅速上涨的趋势中，炒房的人越来越多，有些人名下甚至有几十套房产，使得房价进一步飙升。你可以想想，这会带来什么问题呢？

有钱就意味着可以无限量地买房，而水涨船高的房价，使得那些真正有住房需求但经济能力有限的人买房越来越困难。飙升的房价让很多真正有需求的人买不起房，房子掌握在富人手中，不能在社会中发挥应有的作用，就会造成社会的不稳定。

“炒房”还有一个很大的不利影响，那就是阻碍了其他产业的发展。譬如，大家都看到“炒房”能赚到大量财富，所以当时很多其他产业的企业家也纷纷转行，把资金投进了房地产业，农业、制造业、科技创新产业等反而没有人从事，这就会导致国民经济发展失衡。如果一个国家的经济收入全部建立在房地产业“炒房”这样不合理的投资上，总有一天房价会高到绝大多数人都买不起的地步，房地产行业一旦崩盘，国家的经济也就崩溃了。此外，房地产开发行业还牵扯金融业发展，牵一发而动全身。

考虑到“炒房”可能带来的不利影响，国家才出台了房产限购政策，规定一个家庭只能购买有限数量的房产，这样就可以大大减少投资型的购买，让更多真正有住房需求的人可以以相对合理的价格买到房屋，也可以遏制房地产市场的虚假繁荣。

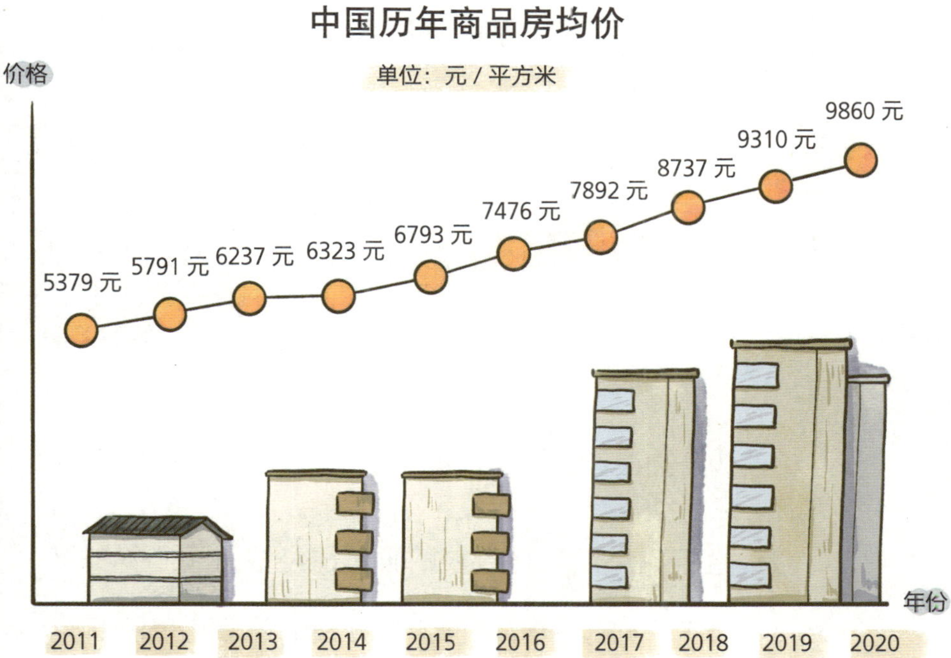

这个政策出台以后取得了非常显著的效果，不到一年时间，在 2011 年的 1 月和 2 月，房地产行业的成交量显著下降，很多城市出现了“退房潮”；到 2018 年，北京新房成交量甚至少了整整一半。房价也在一定程度上得到控制，甚至一些城市有了下降的趋势。所以，房产限购政策在当时肯定是利大于弊的。

## 为什么要放宽限购

那为什么最近几年很多城市又放开限购了呢?

最直接的原因就是，限购政策已经取得了不错的效果，接下来可以让市场自主调整，而不是由国家采取硬性政策了。因为靠国家的强制力调整需求只能是暂时性的，不然就会影响市场的健康发展。硬性规定有时候会“误伤”合理需求。比如有些人工作地点和生活地点距离很远，如果只能购买一套房子，就只能每天两头奔波；再比如家庭成员数量比较多或者有特定生活需求的人，也不止需要一套房子。强行限购会给这些人的生活带来麻烦，所以就逐渐放宽了。

根据社科院的调查报告，我国城市居民拥有住房比例已高达 87.9%，“供不应求”的现象不会再持续很久，这个时候慢慢放宽管制，让市场恢复活力，无疑是正确的举动。

当然，不同地区房地产行业的情况不同，各地也采取了不同的政策，并没有“一刀切”。像北京、上海这样人口数量多、住房需求依然远远高于商品房供给的城市，未来还会通过限购的方式遏制“炒房”现象、控制房价。

## 致少年

判断一个政策是不是合理，不是看它能不能一次性解决所有问题，而是看它能不能随着实际情况的变化做出调整。凡事都有利与弊，世界上不存在哪一个政策能够完全满足任何人在任何时候的需求，而优秀的政策制定者会关注政策的进展和带来的影响，随时对政策进行修正和调整，最大限度地减少不利影响。

除了政策的制定，事实上，每个人的成长也是如此。不能总用过去的观念束缚自己，要慢慢学会从现实情况出发考虑问题，不要惧怕改变。改变并不是否定过去的自己，而是面对当下做出更好的选择。

说回房产限购，你也可以大胆地预测一下，你所在的城市未来的房产购买政策会走向何方呢？

THINKING

## 想一想

查一查近 10 年来你所在城市的房地产政策趋势，查一查你们小区的房价，再想一想，房产价格还和什么有关呢？提示：房屋所处的区域、位置，周边是否有学校、配套的商业等。

- 票证购买

- 现金结算

- 电子支付

THINKING

你现在买
东西

还用
现金吗？

2022 年 4 月，金融技术领导公司 FIS 发布的全球支付报告（Global Payments Report）调查显示，全球支付方式的偏好，正在由现金和信用卡向数字钱包转移。

数字钱包是什么呢？你可以想一想，你家上次用现金支付是什么时候，在什么情况下？很可能不少人已经想不起具体时间和场景了。事实上，现在我们出门很少带钱包，如果要买东西，通常都是用手机直接扫码付款，非常方便。而线上购物现在也是非常常见的消费方式，使用支付宝、微信的支付功能，输入密码或者使用指纹验证，甚至刷脸就可以支付。

相比放在口袋里的实体钱包，这种基于互联网的支付，就叫作电子支付，也称为数字钱包。其英文名称是 Digital Wallet，也就是以数据形式存在的虚拟钱包。

而在同年 6 月，英国市场调研公司 Juniper Research 发布了一项关于二维码支付的调研报告，评估了全球 15 家知名的数字支付（也就是电子支付，非现金交易）公司，其中支付宝位居首位。在报告中，全球排名前五的公司分别是支付宝、PayPal、微信支付、谷歌支付、银联国际。在前五位中，有三家都是中国公司。这也说明，在数字支付方面，中国走在了世界前列。

要知道，几十年前欧美国家已经在用信用卡提前消费，我们国家当时甚至连用现金购买商品都比较困难，因为在计划经济时期，按照国家的要求和分配，人们要用各种票证购买数量极其有限的物品。

什么是票证购买？什么是信用卡消费？为什么短短几十年，支付方式会发生如此大的变化？我们的生活方式又因此有了哪些改变？在数字支付领域，中国作为一个拥有超过14亿人口的超级大国，是如何领先于世界的呢？

## 支付方式的变化

从20世纪50年代开始，在此后的30多年时间里，中国人基本都是用各种票证来买东西。比如，买米、面要用粮票，买菜要用蔬菜票、牛羊肉票，还有自行车票、手表票等。

这是因为当时商品短缺，供应远远跟不上我国的人口数量。为了尽量公平地让大家按需购买，国家实行了计划经济，规定每个人、每个家庭能拥有的物品数量。这是在特殊经济时期的特殊政策。

后来，我国的经济水平逐步提升，粮食和商品的产量、供应量都大大增加，国家分批取消了各种票

证。进入20世纪90年代，市场交易变得越来越自由，大家可以根据自己的经济收入，用现金自由购买需要的商品。商店、市场也如雨后春笋般涌现，给大家提供了更多选择。

如果要买很多东西，或者出门旅行，带大量现金就不太方便了，于是越来越多的人开始选择用银行卡支付。银行卡具有消费、转账结算、存取现金等功

能，买东西的时候去结算的 POS 机上一刷，输入密码就可以了。

除了存有钱的储蓄类银行卡，人们也开始使用信用卡。这些都属于电子支付，是依靠 POS 机读取银行卡芯片或磁条上的信息，进行消费。

信用卡最大的特点，就是可以向银行借钱消费。

这是用户凭借自己良好的银行信用记录所申请的卡片，根据持卡人的不同情况，信用卡可供提前消费的额度也有所不同。

信用卡解决了一部分人手头暂时没钱，但是又需要消费的问题。大家在买东西的时候，可以刷信用卡，用卡里的信用额度买东西，之后按照银行规定的时间，通常是 20 ~ 50 天，把用掉的钱再还给银行就可以了。

如果暂时无法按约定日期还款，就需要支付给银行相应的利息，一般是万分之五。也就是说，如果你需要提前消费，向银行借了 1 万元，每超过还款日一个月，就需要多还给银行 150 元。

随着互联网的兴起和飞速发展，越来越多的消费转移到了网上。于是，第三方支付平台应时而生。

世界上第一家支付公司，是诞生于美国的 PayPal

(中文译名“贝宝”)，覆盖 200 多个国家和地区，涵盖 20 多种不同的货币。但 2008 年，成立才 4 年的支付宝，用户就已经超过 2 亿，超越 PayPal，一跃成为全球最大的第三方支付平台。

支付宝的崛起，和淘宝购物平台密不可分。两家公司都隶属于母公司阿里巴巴。而支付宝的出现，最初是为了解决淘宝网络交易的安全性问题。

淘宝创立初期，用户只能选择线下当面“一手交钱，一手交货”，或是通过银行卡汇款两种方式，既不方便也不安全。于是，淘宝决定推出一种基于担保交易的支付工具，也就是说，让买家把钱付到第三方平台上，在收到卖家的货品之前，货款不会进入卖家的账户。这样就提升了资金的安全性，使得淘宝的交易额剧增。

之后，支付宝从淘宝分离独立，逐渐向更多的合作方提供支付服务。于是，我们可以用支付宝在不同的网络平台上缴费，也可以用来缴纳日常的水费、电费、煤气费，还能用于线下购物等。支付宝大大方便了消费者。

2013 年 8 月，微信支付正式上线。凭借庞大的微信用户群体，微信支付也迅速成为主流的支付方式，全面渗透我们的生活，成为大家日常的支付工具。

无论是支付宝还是微信支付，一开始都是基于自己平台的使用，也就是说，当时支付宝只能用于阿里巴巴旗下的各种平台，微信支付也只是在消费者使用微信买东西的时候才能用。但随着移动支付的用户数量飞速增长，越来越多的消费平台都开始选择和这些第三方支付平台合作。

你可以想象一下，如果选好了东西，却因为支付方式很麻烦，是不是有可能干脆就不买了？所以无论是消费平台，还是第三方支付平台，都会努力为用户提供更便捷的支付方式，以促进更多活跃的消费。

你现在非常熟悉的，甚至几乎每个人都离不开的二维码支付，其实从2010年10月才开始出现。第一个二维码支付，就是由支付宝带来的。这样一来，支付方式就从线上拓展到了线下，更好地促进了实体店的发展。

随着5G和AI技术的发展，支付方式又发生了新的改变。之前需要输入密码，后来有了更便捷的指纹识别。到了2019年，刷脸支付也逐渐兴起。顾客买完东西以后，看一看商店的结账终端设备就能直接付款。而到了2022年，数字人民币支付也悄然兴起。

这些不断革新的支付方式不仅方便了商家和消费者，也大大促进了商业的发展。

## 延伸阅读

数字人民币是央行发行的法定数字型货币，是一种以电子形式存在的法定货币，与现有的人民币具有同等法律效应。和支付宝、微信等线上支付方式不同，使用的时候，不用打开各种 App，无须绑银行卡，用相关硬件“碰一碰”就能完成消费。对于不太会用手机支付的老人、孩子来说，非常友好。

多家金融机构也推出了诸如标准 IC 卡、智能手表、智能手环、数字工牌、智慧学生证、电子老年证、超级 SIM 卡等多种样式的数字钱包硬件，开通免密支付后，消费时用户只需“碰一碰”即可完成支付。

## 领先于世界的支付方式

仅 2021 年，亚太地区 92% 的数字钱包交易额都来自中国。中国数字钱包普及程度大大超过了欧美等发达国家，中国的数字钱包交易额占据了全球超过 50% 的电子商务交易额！

我国数字钱包交易普及到了连坐公交车都可以刷手机支付，去市场上的每一个小摊贩那里买东西都可以无现金支付。现在，我国的现金交易已经降到10%以下。这说明我们正逐步进入一个无现金化的社会，支付高效而便捷。

在中国生活的不少外国人回到本国后，都会“吐槽”自己国家老旧的银行卡、信用卡等支付方式，希望像支付宝、微信这样便捷、高效且安全的无现金化支付方式能够普及。

现在，世界上很多国家都在复刻中国的支付方式，毕竟，谁不愿意使用又快又安全，还能大大促进商业发展的交易方式呢？尤其是在新冠感染疫情的影响下，全球范围内的现金交易比例都在持续下降。不过，中国依旧是全球数字钱包交易最发达的国家。

我国为什么在支付方式上会大大领先于其他国家呢？那些电子支付比我们开启得更早的国家，反而发展得比我国慢呢？

首先，中国的网络四通八达、遍布全国，智能手机普及率非常高，为电子支付创造了环境。

中国是“基建大国”，国家要求移动运营商建设覆盖型网络。所以，从城市到偏远的村寨，甚至到珠穆朗玛峰都能获取网络信号。手机信号的覆盖率目前已超过 80%。

随之而来的，就是智能手机的普及。中国是全球手机最大的消费市场，人口数量众多，相关制造企业迅速成长，手机价格和电话费、上网费用不断降低，使得老百姓都能买得起、用得起，为数字钱包的兴起奠定了基础。

这些方面体现了我国社会主义制度的优越性——

为人民服务。而在西方国家，移动运营商都是私人企业，出于对成本和盈利的考虑，他们基本只在人口密集的区域建立移动信号基站，所以网络普及率不如我们。

其次，就是缘于我国的金融创新和技术创新。

西方国家的金融体系历史悠久，有一套较为健全且稳固的信用体系，无论是法律还是规则上，留给金融创新的空间很小。因此，任何改变都会牵一发而动全身的。而且，现金和刷卡的支付方式在这些国家并行多年，国民已经非常习惯这种模式。而我们国家则不同，我们的金融体系和支付方式一直随着经济的飞速发展在不断变革，金融制度在不断完善中。在我国鼓励各项创新的大环境下，新生的行业随之逐步壮大。

我国对金融创新模式给予了积极支持，让企业有足够的空间大施拳脚，根据市场和用户情况自我调整升级。之后等规模发展到了一定程度，国家就会根据整体情况来调控，完善监督机制，让整个体系越来越健全。

庞大的支付需求是移动支付的基础。不断发展的网络购物、网络社交、小程序等移动应用，则为我们营造了足够丰富的移动支付场景。这些技术的创新，也慢慢改变了用户的习惯。

正是因为有这样宽松的环境，支付方式才有了发展的空间。

## 致少年

回顾电子支付在我国的发展历史，可以发现，无论是消费习惯的改变，还是支付方式的革新，都是商业和市场发展的结果。而了解了为什么中国的支付方式会领先于世界，也就更能体会创新的重要性。

当然，任何事物的发展都是曲折的，在飞速的发展中，各类问题也会随之而来。

比如，在互联网上，我们每个人的信息都被纳入了大数据库中。这就意味着个人隐私，比如身份证号码、电话号码、家庭住址等信息容易被泄露。现在，大部分交易都通过手机来完成，这也意味着有可能给犯罪分子可乘之机。他们会通过一些手机病毒，或者是电话、网络诈骗来盗取用户的资金。这些都是需要我们警惕的，也需要国家出台更多的规章制度来保护个人隐私。

但瑕不掩瑜，新型支付方式的普及和推广，实实在在地让我们的生活更加便利，也让金融、科技、商业贸易等各行各业有了新的发展机会。

最后，也请你畅想一下，未来的支付方式还可能会有什么样的新变化呢？

THINKING

## 想一想

你认为现金支付最终会完全消失吗？列举出三个你认为是或者否的理由，和爸爸妈妈讨论一下，看看他们的想法又是怎样的呢？

- 线下店
- 线上购物
- 直播间

THINKTING

从实体商店
到直播网店，

你的消费
习惯是否
发生了变化？

平时你买东西的时候，一般会去哪里买呢？是学校门口的商店，还是家附近的超市，或者是市中心的大商场？你有没有尝试过网上购物？有没有在直播间买过东西呢？

相信很多人的爸爸妈妈都在直播间买过东西。你家经常收到的快递可能有一部分来自直播间的下单，这些快递中有衣服、鞋子，也有零食、水果，没准儿还有抹布、洗衣粉等日常用品，以及你看的书籍，家里用的电器，等等。甚至连我们出去旅行住的酒店，都可以通过直播间提前订购。

别看直播间购物已经成为现在非常流行的一种购物方式，其实它出现的时间并不长。如果我们回头看看中华民族长达几千年的商业史，就会发现，每一种购物方式的出现，都是随着社会和科技的发展而产生的。

## 购物方式的变迁

让我们将时间回溯到几千年前的原始社会，那个时候，人们每天不管是打猎、捕鱼，还是种地、织布，这些生产活动的目的仅限于满足生存的需要，即便偶尔缺少什么东西，也是临时用自家不需要的物品

和邻居交换一下。但这样的交换行为并不是真正意义上的买卖。

到了夏朝，传说当时商族部落的第 7 任首领王亥在从事治水的过程中，游历了中原地区的很多诸侯国，发现不同的地区物产各不相同。商族农业发达，盛产粮食，而其他地方虽然缺少粮食，但有的生产大量的贵重金属，有的生产动物皮毛，这些都是商族所需要的东西。

于是，王亥开始思考：为什么不能组织一支队伍，用多余的粮食，去跟别的地方交换他们的特产呢？

有了这个想法，王亥便付诸行动。他亲自率领族人驯服牛，用牛将多余的粮食运到其他地区，卖给当地的人，换取当地的货物。王亥的贸易队伍所到之处，受到了热烈欢迎。由于他们是商族人，因此被普遍称为“商人”，而他们用来交易的物品被称为“商品”，他们所从事的交易事业在后世又被称为“商业”。

从此，商业开始飞速发展起来，而王亥也被后世尊称为“华商始祖”。商族因此日益强大，拥有了雄厚的经济基础，直至后来取代夏朝成为中国历史上的第二个朝代。

随着商业的兴起，出现了专门卖货和购物的场所，相当于今天的“集市”。集市的规模逐渐发展壮大，到了汉代，长安的“东西九市”已经成为非常繁华的购物场所，各种天南海北的货品都集中在这里。而正是这个时候，逛街成为一种娱乐方式。

到了宋朝，商业更加发达，大街小巷都是过往的商人。从北宋画家张择端的传世画作《清明上河图》中，就可以看出当时的购物和消费场面多么热闹。

明清时期出现了商帮，也就是各地的商人组成的商人组织，比如山西商人组成的晋商，安徽商人组成的徽商，还有福建商人组成的闽商，等等，都是实力雄厚的商帮。同时，因为商业发达，还出现了许多名市名镇，比如汉口镇、佛山镇、景德镇和朱仙镇等四大商业名镇。

从清朝末年开始，由于帝国主义入侵，中国的商业受到重创。一直到新中国成立初期，国内都处于物资极度匮乏的状态，于是产生了计划经济，如果人们想买东西，只能通过供销合作社用票证来买。也就是说，即使有钱，但是没有票，也买不到东西。买粮食需要粮票，买电视机需要电视机票。那个时候一到节假日，许多人就早早在供销合作社门前排队，等待着开门买东西。

到了20世纪八九十年代，商品经济得到了恢复。虽然商店里的商品并不多，但是有很多人光顾，那时候的消费都是用现金，人们经常带着很多纸币或硬币去商店买东西。

进入21世纪后，经济和科技的发展让电子商务开始兴起。人们从一开始的将信将疑，到慢慢探索尝试在网上购物（也就是线上购物）。后来，网上购物成为人们必不可少的生活习惯，也成为现在最普遍的购物方式。网上购物的覆盖面越来越广，从一开始的服装、食品，到手机、家电，到现在连汽车、飞机都可以在网上购买。

回顾了整个中国商业的发展史，大家可以思考一下，直播购物这种新的消费方式的产生，需要具备哪些条件呢？

## 直播带货的兴起

直播带货产生的基础，是电子金融、网络科技和快递物流行业的高速发展。因为有了支付宝、微信支付、电子银行等便捷的支付方式，人们才能够放心地通过网络花钱；因为有了流畅的网络传输速度，消费者，也就是顾客才能通过手机随时随地观看直播带货；因为有了发达的快递系统，在直播间购买的货物才能够快速顺利地送到消费者手中。

一开始大家对于直播间购物并没有那么热衷，很多人依旧习惯于在传统的线下实体店购物，比如，去逛超市、逛商场。即便有线上购物习惯的消费者，也会去淘宝、拼多多这种大型的网络购物平台消费。

真正让直播带货百花齐放的，是2020年年初突如其来的新冠感染疫情。

你一定对当时的情景记忆犹新，那会儿全国上下为了抗击疫情，很多单位都居家办公，学校也改为居家线上教学。后来，由于持久的疫情，商场、超市的客流量大大减少。同时，因为疫情，人们减少了娱乐和社交活动，开始转向电商直播间，去体验这种“购物＋娱乐”的新消费方式。

如果你看过直播带货，可以思考一下：在直播间购物有哪些优点？又有哪些缺点呢？

首先，在直播间购物节省时间。与传统的商店、超市这种线下店相比，看直播带货省去了来回路程的时间，也缩短了来来回回挑选的时间。网络主播和他们背后的团队已经帮助消费者选择好了商品，看直播的观众如果需要这件商品，就可以直接下单。

其次，和传统的网络购物相比，直播带货更加场景化。也就是说，之前的网络购物很难判断真实的货

品质量，对于上身效果或者使用效果也一无所知。但是在直播间，主播除了介绍产品外，还会聊自己的使用感受，并且会和模特儿们直接试穿，或者试用这些产品，让观众能够非常直观地看到真实的效果。

再次，直播带货满足了人们的社交需求和娱乐需求。直播带货具有互动性，当观众在评论区提出问题的时候，主播会现场回答，及时解决疑惑，拉近了与观众的距离，让观众产生一种亲切感。另外，大部分直播间都会采用各种方式来活跃气氛，比如跳舞、唱歌之类的表演，或者用幽默的方式讲解产品，也有很多大品牌的直播间会请当红明星作为嘉宾吸引观众，这样人们可以在看表演或者采访的同时进行购物。

最后，也是最重要的一点，直播间商品的价格，通常来说比市场价格更低。因为直播团队可以直接和产品的厂家合作，省去了进货物流、仓库存货、店铺经营等各项费用，也没有资金周转时间长的压力，可以直接从工厂把商品邮寄给买家。

越是粉丝多、流量大的主播的直播间，商品的价格可能越低。因为购买的人数多，商家可以达到“薄利多销”的目的，也就是说，虽然单件商品的利润挣得少了，但是买的人多，所以整体而言挣得更多了；同时直播带货也可以为品牌做宣传推广，相比传统的电视广告只是宣传品牌，直播间还可以直接转化成销量，对于商家来说是一举两得。

当然，任何事情都有正反面，虽然直播带货和直播间购物有各种优点，但同样也有缺点。

比如，主播可能会对商品的宣传过于夸张，在各种戏剧化语言的引导下，观众会一时冲动购买自己并不需要或者质量不过关的商品；另外，直播带货原本可以节省购物时间，但是很多人因为上瘾反而长时间对着手机屏幕看直播，结果浪费了宝贵的时间。

因此，不管是多么新鲜、多么流行的事物，我们都应该保持冷静和理智去对待，利用它为自己的生活、学习服务，而不是沉迷其中，影响自己的生活和学习。

## 直播带货的新趋势

直播带货这种新的商业模式不但给普通消费者提供了一种新的购物方式，同时为商品的生产者带来了新的机遇。

对于中国这种农业大国来说，农产品的销售曾经是一个大难题。很多地区的农场或果园明明丰收了，却因为没有销售渠道，大量的蔬菜和水果卖不出去，只能在地里腐烂掉，农民因此非常苦闷，各地政府也为解决这种问题而付出了很多努力。

现在有了直播带货，各地政府灵活运用这种新渠道，主动邀请著名的主播进行合作，共同销售农副产品，有些地方的领导还主动带头参与直播间卖货。这样的助农直播带有公益性质，吸引了很多观众。同时，因为物美价廉，而创造了惊人的销售业绩，成功解决了农产品滞销的问题。

此外，直播带货也逐渐从取悦大众的娱乐化内容转变为更有意义、更健康的内容，比如知识带货和健身带货。观众在观看直播的时候，能够学习新的知识或者强身健体，同时购买一些自己需要的商品，达到两全其美的效果。

## 致少年

回顾商品交易的历史，我们不难看出：任何新方式的产生，都和时代的发展密不可分；任何新事物的诞生，都与人们的需求相关。能留存下来的，一定符合时代需求，能给人们的生活带来更大便利。

直播间购物已经从一种新形式，变成人们的一种日常消费习惯。然而，随着科技和社会的发展，未来还会出现更新的消费方式，这就是时代的进步和变迁，也许下一个商业模式就会被你们发现并创造出来！

THINKING

## 想一想

调查一下，你的爸爸妈妈是否通过直播方式买过东西？相比传统线上购物模式，直播是不是更容易让人下单？什么东西更适合直播？结合现实，分析和预测一下，下一个新的商业模式会是什么样的呢？

- 消费主义
- 冲动购物
- 理智消费

# THINKING

为什么
总想
买点儿
东西？

先问你两个问题：你有多少零花钱？你是怎么使用这些钱的呢？

很多人都有零花钱，零花钱的用途肯定也是各种各样。

在贫困年代，消费本身是一件非常奢侈的事情，大部分家庭连温饱都难以实现，更不要说有多余的钱来进行消费。但是，现在我国已经解决了温饱问题，迈入小康社会，大家能够在吃饱穿暖的同时，满足自己进一步的物质需求和精神需求，比如购买时髦的衣物来提升自己的外在形象，或者外出和朋友聚餐进行社交活动，等等。

随着国家的富强、经济的繁荣，慢慢地，人们收入提高了，生活水平改善了，社会上逐渐产生了一些不良的消费观，而这些消费观也对青少年造成了影响。

## 消费主义的不良影响

消费主义，是一种社会道德现象，意思就是毫无节制地追求物质享受和消遣，并将其当作生活的目的和人生的价值。大家经常听说的“精致穷”，就是一种消费主义。比如，很多人本身没有太多的钱，但是却渴望一些自己买不起的东西，并且想方设法要得到它们。

导致这种消费观的原因很多，有的人是因为喜好攀比，只要身边的人有，他也一定要有；还有的人是被一种超前消费的观念“洗脑”，认为“花明天的钱，享受当下”是一种聪明的做法。归根结底，这都是把满足和快乐建立在了物质欲望和贪图享受的基础上。

现今，大部分青少年从小衣食无忧，在父母长辈的宠爱下长大，想要的书籍、玩具、电子产品等几乎都能够得到满足。这样的成长环境虽然充满了爱，但是难免会让一些孩子认为一切都来得非常容易，缺少“勤俭节约”的概念，意识不到金钱的重要性，自我控制能力也不强，非常容易跟风，产生冲动消费的行为。

不光是青少年，其实成年人也普遍存在这种盲目消费的风气。看到身边的人拥有某种东西而羡慕不已，或者被广告和促销所诱惑，没有想清楚自己是否真的需要，或者是否真的适合自己，就开始渴望拥有，也就是我们经常听说的“种草”。

一开始的欲望可能并不高，也许是一部新款手

机、一双爆款球鞋、一套高档化妆品，甚至可能只是去高级餐厅吃一顿饭。但是，当这些欲望得到满足之后，就会产生更多、更大的欲望。同时，因为拥有这些“奢侈品”而引起周围人的羡慕、攀比，导致欲望升级，这种恶性循环可能会让人们的消费欲望越来越高。

然而，大部分人的收入是有限的，为了满足超出自己收入的欲望，有些人绞尽脑汁、投机取巧，试图通过看起来更加“轻松快捷”的途径来获取金钱。

## 盲目消费的严重后果

随着信用卡的普及，人们能够提前刷卡购物消费，之后再还款，所以超前消费已经成为现代人的一种习惯。但是即便使用信用卡，也应该量力而为，对自己的收入做到心中有数，刷卡的时候要确保消费的金额是自己能够按时足额偿还的。

在当今这个网络科技飞速发展的时代，我们接触到的大量信息有好的、健康的，对我们有帮助的，也有很多不好的，看似非常具有诱惑力，但其实会带来严重后果。

比如，各大购物平台会通过“集赞、秒杀、砍价、红包”等方式刺激消费，并借助大数据把一些商品推送给可能对它们感兴趣的人；同时，一些商家为了提高销量，会对消费者进行“洗脑”，引导“超前消费”和“享乐消费”，打出“先购物后付款”的消费体验旗号，引诱缺少定力的人冲动下单。

最可怕的是，很多App开屏和网页广告中，还会有非法贷款的小广告：“无须利息！无须抵押！马上到账！”让获得钱财显得那么轻而易举，似乎一切都唾手可得。

贷款，原本是一种正常的金融方式，即银行或者其他合法的金融机构借钱给需要用钱的单位或个人，一般都需要规定偿还的日期，还需要借款一方付一定的利息，也就是多还一些钱。

非法贷款看似不用付出任何代价，轻轻松松就可以拿到一大笔钱，但其实利息非常高昂。也就是说，最终要还的钱可能是自己所借钱的好几倍甚至好几十倍。

很多人不了解真相，被消费的欲望驱使，借了非法贷款，最终付出了惨重的代价。有人不得不四处找亲友再次借钱还清贷款，有人可能要变卖自己的贵重物品甚至房子来还钱……有一种针对学生的校园贷，让很多缺少阅历和思考的学生陷入困境，连人身安全都受到了威胁。

## 什么才是健康的消费观

很多人认为，出现严重后果的不过是少数案例。不知道大家有没有听过这样一句话：“千里之堤，毁于蚁穴。”这是一句古老的训诫，出自战国时期法家思想家韩非的著作《韩非子·喻老》，意思就是：很长的高大堤坝，却因小小蚁虫的不断啃噬，最终被摧毁。它启示大家不要小看自己所犯的错误，一点点的小错，积累起来也会使你的人生毁于一旦。不良的消费行为正像这小小蚂蚁，如果不加以重视，就会慢慢啃噬你的思想，最终让你的人生千疮百孔。

因此，我们从小就要警惕跟风攀比、冲动购物、提前消费等不健康的消费观，警惕消费主义的陷阱。

在每次购物之前，我们不妨问问自己：我到底是为商品本身的价值花钱，还是为它被赋予的夸大的概念花钱？我们到底是真的需要这件东西，还是沉迷于得到这件东西时的满足感和他人羡慕的眼光？

更重要的是，你现在暂时还不能通过工作和自己的劳动获得收入，所用的金钱都来自家长，所以在消费前应该考虑自家的经济状况，任何消费都应该适度、合理，不要因为不必要的欲望，额外增加家长的负担。

建议大家谨记两个原则：一是量入为出，适度消费；二是避免盲从，理性消费。

什么是理性消费？简单来说，就是清楚地知道家庭的收入水平，在消费能力允许的条件下合理地规划自己的消费支出，学会控制自己的欲望，做出合理的购买决策，把钱花在真正能够提升自己的能力和幸福感的事物上。

## 如何养成理性消费的好习惯

每年的“双十一”（双十一购物狂欢节，指每年11月11日的网络促销日），各大网络购物平台都会采取各种满减、预售等促销手段刺激消费者下单。不知你有没有观察过，每年“双十一”之后，家里会不断地收到爸爸妈妈的快递。事实上，在他们买的这些东西中，很多都是一时冲动之下购买的并不需要或者并不实用的商品，然后只能束之高阁，积满灰尘。

还有现在非常流行的盲盒，同样利用了消费者的猎奇心理，抽盲盒、开盲盒这个过程所产生的刺激，已经远远超出对盒中商品的需求。

大家要如何学会控制自己的欲望，养成理性的消费习惯呢？

首先，要增强劳动观念，积极参加劳动。比如，做一些合法的兼职，只有感受到金钱的来之不易，才能够珍惜金钱。同时，做兼职也是一种提升自我能力和阅历的方式，当大家发现了劳动的乐趣，就能够明白，其实在劳动中得到的快乐和成就感远胜于花钱消费所带来的满足感。

其次，可以学习理财。虽然同学们手头的钱并不多，但是与其毫无意义地花掉，不如培养自己的财商，通过理财让钱升值，现在的理财方式多种多样，大家可以和爸爸妈妈讨论一下适合自己家庭的理财方式，不管是存款、购买理财产品、股票、基金、保险，还是数字货币，都可以培养我们的理财观念。

最后，也是最重要的一点，要发扬中华民族的优良传统，勤俭节约、艰苦朴素。世界上的资源都是有限的，挥霍就会导致以后出现短缺。我们可以从节水节电、“光盘行动”这种日常生活小事做起，养成珍惜资源、珍惜粮食、珍惜金钱的好习惯。

## 致少年

生活在这个世界上，消费是必需的，我们无须为了合理、正常的消费而惴惴不安，特别是能够提升我们学识和能力的消费，这是非常值得做的。相信你的爸爸妈妈也会非常支持这种消费。

然而，单纯为了物质和娱乐享受的消费，只是图一时的爽快，并不能让我们真正获得长久的满足。当我们不需要仅从消费中才能获得快乐的时候，就能体会到真正的幸福。

THINKING

## 想一想

如果你有可以自由支配的1000元钱，会做出哪些消费或储存计划？会把它用在哪些地方？为什么？

- IP 经济

- 创意

- 品牌经济

THINKING

从冰墩墩
看 IP 经济，

你了解
多少呢？

说到 2022 年北京冬奥会，你会联想到什么呢？很多人可能会说是“冰墩墩”。没错，作为本届的奥运吉祥物，这只套着透明冰壳、憨态可掬的大熊猫受到了万千追捧，和它相关的玩偶、钥匙扣等衍生产品都一度出现“一墩难求”的情况。

类似冰墩墩、雪容融这样引起众多关注，拥有不少粉丝的一个人物或者动画形象的文创产品，可以叫作“IP”。IP 形象往往会衍生出不同的相关产品，比如玩偶、冰箱贴、钥匙扣，甚至还有绘本故事、动画片等。消费者们会非常喜欢这些内容，也愿意购买相关产品。

那你还知道哪些知名的 IP 吗？你可能会想到，哈利·波特、迪士尼的动画形象，还有一些影视剧人物……其实仔细想想，我们的生活中充满了各种各样有意思的 IP，它们无一例外地拥有大量“粉丝”，并且会带火相关产品，带动一波“IP 经济”。

那么，什么是 IP 经济？为什么会有这样的经济现象呢？什么样的形象能成为 IP？ IP 经济对我们到底好不好？接下来，我们就一起聊聊这些问题吧。

## IP 是什么意思？ IP 经济又是什么

最近几年，“IP”这个词在国内被提及得特别多，这个词源于英文 Intellectual Property 的首字母缩写，原本的意思是知识财产。

也就是说，相对房子、车子这类财产，有些东西是靠人的智慧创造出来的，比如像冰墩墩、米老鼠这样的卡通形象，也是创造者的一种财产。这类靠人的智慧创造出来的，属于创造者所有的，就叫作知识财产。

比如，知名作家 J. K. 罗琳的《哈利·波特》，最初就是以小说这样的文学作品形式诞生的，但是后来又被拍成了影视作品，我们就可以说《哈利·波特》是一个 IP。

一开始，《哈利·波特》只是一本小说，出版商印刷并发行系列书籍，通过卖书来赚钱。后来因为“粉丝”和读者众多，小说被拍成了电影，于是作者和电影的制作方、发行方就可以通过卖电影票获得更多收入。接着，还有哈利·波特的主题乐园、游戏、线下活动，以及数不清的周边产品，从钥匙扣、徽章到服装等，应有尽有。

通过销售这些产品，无论是作者本人，还是合作方，以及生产制造厂家、不同的销售渠道，由此有了新收入。这样一来，就带动了更多的商业来往，也给大家带来了更多收益。我们把这种现象称作“IP经济”。

IP经济的产生，源于市场贸易，以及整体科技和文化的发展。

在互联网兴起之前，人们获取外界信息所依赖的媒介形式比较单一，比如书籍、报纸、杂志、电台、电视等，但这类媒介都有一定的局限性。比如，纸质出版物缺少动态形象，而像动画片这样的影音产品给予读者的想象空间比较小。

随着科学技术的进步，尤其是互联网的发展，各种各样的媒体形式都在融合交汇。比如，在一个网站上，你既可以看到文字、图片，又可以点击视频；在未来，你甚至可以在 VR 打造的虚拟世界中身临其境。

原本形式单一的原创内容通过 IP 开发，就会以不同形式在不同的载体上呈现，从而焕发出新的生命。比如，IP 除了可以被拍成电影和电视剧，还可以被开发成游戏、周边产品，甚至被用来打造主题乐园。

IP 的形式也变得越来越多元化，不仅仅局限于小说这样的文学作品，还可以是一个单纯的卡通形象，或者是一套表情包，比如灰白条纹的肥猫“吾皇万睡”、红色小狐狸“阿狸”等。

有的可能直接是有趣的卡通形象，比如冰墩墩；有的可能是受欢迎的影视作品，比如小朋友们熟悉的哆啦 A 梦等。产权方，也就是拥有 IP 的人或者机构，会把它改编成各种影视剧或者文学作品、出版发行相关书籍、游戏，同时拓展周边产品。最终，这些相关产品会卖给喜欢这个 IP 的“粉丝”，所以也有人把 IP 经济称作“粉丝经济”。

你可以想一想，自己有没有为某个 IP 掏钱买单的经历呢？比如你是个哈利·波特迷，你会买门票去哈利·波特主题公园打卡吗？你会购入一根自己喜欢的角色的同款魔杖吗？如果答案是肯定的话，那么恭喜你已经成为参与当下 IP 经济的一分子。

## 冰墩墩是怎么变身顶流 IP 的

冰墩墩本来只是北京冬奥会的一个吉祥物，却在奥运期间持续占据热搜，关于它的话题刷爆各大社交网络平台，风头甚至盖过了奥运健将，算得上是给本届奥运会带来最大关注流量的“顶流 IP”。它是怎么做到的呢？

首先，冰墩墩的外形设计可爱且有创意。国宝大熊猫是中国一直以来的最佳代言人。冰糖葫芦样的冰晶外壳、头部的彩色光环给冰墩墩带来了科技未来感，掌心的爱心则给它增添了一份热情好客的感觉。还有，“冰墩墩”这个叠音名字，既朗朗上口又形象可爱。从外形到名字，冰墩墩都特别符合当下人群的审美。

其次，冰墩墩背后还有一系列有创意的运营。比如，在宣传片中，视频制作者让冰墩墩扭着胖嘟嘟的身体抖雪；在比赛现场，扮演冰墩墩的人偶在滑冰场上尝试滑冰，结果却摔了个脸朝地；在场馆入口，人偶因为太胖而被门卡住……这些可爱又好笑的场景都给予冰墩墩“人格化”的特点。

也就是说，它虽然本身是个卡通形象，却像一个有着鲜明性格特点的人。呆萌、小傲娇、不服输……这些特质让人们对冰墩墩的好感度快速上升，它的视频借着“冬奥会”的影响力在网络上被疯狂转发、评论，网民们也乐此不疲地对冰墩墩进行二次创作。比如，制作冰墩墩表情包、用橘子皮制作冰墩墩等，冰墩墩的爆火也就成了情理之中的事情。

归纳起来，冰墩墩的走红，既归功于冰墩墩本身的创意设计和运营，也离不开网友们的创意和再加工。可以说，创意是打造优质 IP 背后的原动力，而好的内容则是一个 IP 大受欢迎的核心实质。

## 冰墩墩 IP 效应带动周边商品产销两旺

那冰墩墩这个受人追捧的 IP 又是怎么带动一系列“冰墩墩经济”的呢？

奥运会期间，天猫平台上奥林匹克官方旗舰店累计访客近亿人，每次“冰墩墩”手办开售都是全民“秒杀”模式。开卖几秒钟后，商品就显示“已售罄”，形成“一墩难求”的景象。不仅线上如此，北京和张家口的线下专卖店也一样火爆，每一家专卖店的门口都排着看不到尽头的长龙。

大量冰墩墩周边产品的购买需求，自然相应催生了生产制造热。负责生产冰墩墩玩偶、挂件的各家奥运特许生产厂家都开足马力加班加点，生产流水线一刻不停，产能比以前翻了好几倍。

此外，冰墩墩的 IP 效应不仅带动了周边用品的生产和销售，还给冬奥会带来了更多关注，间接带动了冰雪经济，比如体育设施、体育用品以及旅游、交通、餐饮、住宿等消费支出。虽然本届冬奥会因为疫情原因并没有对公众售票，但是人们对冰墩墩的支持和喜爱，早已变成一张又一张冬奥会门票，填补了部

分收入的空缺。

可以说，冰墩墩已不单纯是一个卡通形象，而是中国特色文化与时代科技融合的化身，展现了中国体育品牌的影响力与奥林匹克精神。

与此同时，相关的各行各业因为参与这样一个顶级 IP 的创意设计、生产、销售等环节，而互利共赢，大家都能有所收获。

## IP 拉动品牌经济效应

IP 除了开发成周边玩偶、影视、游戏，还可以采用一种常见的商业模式——与品牌合作，也叫作“IP 联名”。你可以观察下自己家里的东西，有没有品牌和 IP 合作的案例？

比如，带着汪汪队 IP 形象的妙可蓝多奶酪棒、印有迪士尼公主或是蜘蛛侠的书包……大家可以想一想，相比一款没有汪汪队卡通图案的奶酪棒，你会在超市里挑选哪一款呢？汪汪队的小“粉丝”们，一定会更倾向于选有图案的。

所以，很多产品的品牌方首先会考虑自己的产品主要卖给谁。如果它的消费受众主要是儿童，那它就会去寻找小朋友们喜欢的 IP 形象进行合作，这样一来，就可以利用小“粉丝”们对这部动画片的好感获取更多的销售订单。

同样的道理，比如，妈妈用的化妆品可能是某个化妆品牌与故宫 IP 的联名款。故宫代表的东方美学，可以为现代的化妆品增添文化底蕴和艺术美感；再比如，爸爸买的篮球鞋，可能是某个篮球明星的联名款，大家也可以想一想，为什么他从这么多球鞋品牌中偏偏选了这一款呢？时尚好看的外观设计，舒适的穿着体验感，自己喜爱的球星，这些可能都是促使我们做出购买决策的因素。而 IP 的存在，更让这双鞋有了特殊的价值——相同文化和喜好的认同感。说明这位爸爸很可能喜欢看篮球比赛，或是喜欢打篮球的运动达人。

随着生活条件越来越好，现在人们在购物消费时注重的不仅仅是商品本身好不好，更是在为情怀买单。一种寻求精神寄托和认同的消费文化渐渐出现。

这也是为什么如今很多消费品牌都喜欢借助 IP 的加持，提升自己对于消费者的吸引力。

## 致少年

**近年来，IP 经济已经成了一种新的商业模式，逐渐壮大成熟。相信未来更多以原创内容和文化体验为核心的 IP，一定会带给消费者更多良好的体验，也会对品牌和商业发展起到更重要**

的作用。

这恰恰说明随着社会的进步，人们对于精神文化有了更高的需求。大家不再满足于吃饱、穿暖和有房子住等。基本的生理需求和安全需求，而是有了层次更丰富的追求。

这就是马斯洛需求层次理论所提出的：当人们满足了需求金字塔底层的生理需求和安全需求后，社交需求以及认知、审美、自我实现等高级需求就会表现出来。

所以，IP 经济的发展和社会发展有着密切的关系。你也可以想想，未来的社会是否会出现形式更丰富的 IP 内容，从而进一步带动更多产业的发展呢？

THINKING

## 想一想

你最喜欢的 IP 是什么？你是否也曾直接或者间接地参与到 IP 经济中呢？你也可以采访一下爸爸妈妈，看看他们喜欢什么，找一找你们青睐该 IP 的原因。作为消费者，在 IP 经济的发展中，你受到了哪些影响？又起到了什么作用呢？

- 竞争
- 效率
- 创新动力

THINKING

为什么要遏制科技巨头的垄断呢？

你知道世界上最大的5家上市公司是哪些吗？世界上最大的5家上市公司清一色都是美国的科技公司，这些大名鼎鼎的科技公司相信大家多少都听说过——元宇宙（Meta，前身为脸书Facebook）、亚马逊（Amazon）、谷歌（Google）的母公司字母表（Alphabet）、微软（Microsoft）和苹果（Apple）。这五大科技巨头并称MAAMA，总市值已经超过4.5万亿美元。

这些科技巨头的服务内容从社交网络到信息搜索，从网络购物到高科技产品，无一不给我们的生活带来了颠覆性的创新和巨大的便利。比如，大家平时使用的Word文档、Excel表格、PowerPoint文档演示就是微软的产品……如果没有这些巨头造就的产品和服务，很多人根本无法想象现在的生活会是什么样子。

但是，就在2022年3月下旬，欧盟却计划颁布一部叫作《数字市场法案》的新法规，想要限制这些科技巨头。

这些科技巨头不是创造了巨大的价值吗？为什么要限制它们呢？要明白这一点，我们先从一个概念说起，那就是垄断。

# 什么是垄断

假设你居住在一个小镇上，镇子里原本有两家实力相当的超市，这两家超市为了让顾客到自己这里来买东西，每天都会变着花样促销打折，会推出品质更好、款式更新的产品，它们之间形成了一种“竞争关系”。但是有一天，其中一家超市因为老板生病所以关门了，只剩一家超市，大家只能去这家超市买东西，那么这家超市就处于一种“垄断”地位。

所以，“垄断”和“竞争”是一对反义词。在市场中，如果消费者只有一个“供应商”可供选择，我们就说这个市场缺乏“竞争”，出现了“一家独大”的局面，或者说被某一家公司“垄断”了。

上面所说的例子是“绝对垄断”的情况。如果在小镇上有好几家超市，但是其中有一家的地理位置最好，规模最大，绝大多数的顾客都去这家超市消费。那么，这依然是一种“相对垄断”的市场。

科技领域也有类似的情况。比如，在电脑操作系统方面，微软的Windows系统在全球的电脑用户中占比高达四分之三，独占鳌头，位于第二名的苹果系统只占不到20%。可以说，微软在电脑操作系统市场占据了“垄断”地位。

为了防止这些大型企业或平台进行市场垄断，相关部门就要研究出台类似《数字市场法案》这样的“反垄断法案”。

## 垄断有什么坏处

我们为什么要反对垄断呢？

我们接着刚才的故事继续往下想。如果小镇有且仅有一家超市，这家超市的老板就会想："反正现在就我一家超市，大家都得在我这买，那我不如把东西的价格涨一涨，这样赚钱就更快了。"

小镇上的居民呢？虽然他们心里对超市涨价很不满，但是也没办法，因为只有这一家超市，不去它那里还能去哪里买东西呢？

渐渐地，因为没有了竞争压力，超市老板也不在"怎么吸引顾客"上动脑筋了，超市的东西品质越来越差，价格越来越贵，小镇上的居民怨声载道。

看出来了吧？如果市场缺乏竞争，被一家公司垄断，最终受害的会是消费者。因为垄断会导致供应商站在一个强势地位，而消费者因为没有其他选项而处于被动的弱势地位。不管是超市涨价，还是卖的东西品质变差，又或者是强行要求消费者只能用超市新推出的某个功能付款……消费者在很多情况下只能被迫接受。

也许有人会问：为什么没有人再来开一家超市呢？

其实，现实中的情况往往不会那么极端，小镇上只有一家超市的情况非常少见。常见的情况是有好几家超市，但是只有一家规模特别大。这家大超市往往有着其他小超市无法拥有的优势。比如，它因为规模大，进货量就大，进货的价格也较低，卖的时候也可以卖得比其他超市更便宜，自然也就更具吸引力。再比如，它还可以通过办会员卡的方法，掌握每个顾客的消费喜好，然后用这些信息有针对性地去打广告。

慢慢地，越来越多的顾客都会被这家大超市吸引，那些小超市因为没有顾客就开不下去了。而且，即使后来有人想开超市，也往往没有机会，这就是所谓的“大树之下，寸草不生”，即一家企业规模变得特别大之后，把资源优势都占尽了，导致周围其他的

小企业根本没有存活的空间。

例如，亚马逊是全球最大的电商平台，在它的购物网站上，既有自己经营的产品信息，也有外部卖家发布的产品信息。于是亚马逊就利用平台优势，通过查看其他卖家的数据对自营产品进行优化，比如更有竞争力的价格，或者更好的推荐位置，等等。总之，为自己赢得竞争优势。

而脸书和谷歌会在消费者不知情的情况下，使用个人数据进行个性化广告推广。谷歌和苹果在应用商店中优先使用自家的支付方式 Google Pay 和 Apple Pay，甚至不允许应用开发者使用其他支付系统。谷歌研发的安卓手机的海外版系统几乎全部使用谷歌自己研发的 Chrome 作为默认浏览器……这些行为，都是在利用公司本身的垄断地位进一步强化自己的优势。

## 反垄断相关法令的出现

企业本身想要做大做强是无可厚非的事情。但是，当企业的扩张和垄断伤害了消费者的权益和公平的市场竞争时，有关部门就要想办法进行干预，所以就出现了《数字市场法案》这样的法规。

欧盟此次拟定的《数字市场法案》主要对大型互联网企业提出了七点要求。

大致说起来，主要是公平对待用户和第三方。作为大平台，不能因为有流量数据和技术，就给用户设置门槛，或者隐瞒相关信息，或者要求用户只准在该平台上活动，甚至强行要求用户安装该平台的相关软件。

同时，如果有第三方想在这些大平台上开店、卖货，大平台不能因为考虑到竞争关系，或者是第三方的价格更有优势、产品更好等情况，就拒绝他们的请求。

如果相关企业违反《数字市场法案》，将面临高额的罚款。目的是让这些公司尽快对自己的核心业务和商业模式进行调整。

## 垄断的两面性

那么，垄断就一定是坏事吗？不一定。比如，刚才我们说到的大超市，因为进货量大，所以供应商给它的价格比较便宜，它也会以比较低的价格卖给消费者。这难道不是一件好事吗？所以，从某种程度上说，垄断也是有好处的。

20 世纪 70 年代末，美国芝加哥经济学派通过调

查发现，美国的大企业不仅没有降低经济效率，恰恰相反，而是提高了经济效率，同时还大大降低了产品价格。比如，美国汽车行业的垄断者亨利·福特因为发明了流水线（每个部门只负责一个生产环节，最后进行组装），汽车的价格在短时间内就降到了平民价格，让原本只有富人才能享用的汽车进入了寻常百姓家，美国也从此变成了“车轮上的国家”。

所以，是否要反对垄断行为，不应该只看企业的市场份额，而要看它有没有损害消费者的利益、有没有妨碍行业创新。换句话说，“大”并不是问题，“大”了之后的不正当竞争行为才是问题。

之所以说垄断往往会带来不好的结果，是因为当一家企业占据绝对的优势地位后，人性的弱点就开始显现。比如贪婪，人们会通过提升价格、降低成本，获得更多的利润；比如懒惰，因为没有竞争压力，人们就会失去技术创新和研发新品的动力……

## 致少年

“垄断”一词，源于《孟子》中的“必求垄断而登之，以左右望而网市利”。大意是，在交易市场上，有一个人居高临下统观整个市场，左看右望，想尽办法恨不得把全市场的利润都赚了去。

可见，人的本性从来没有变过，垄断也是自古有之。

中国在2021年出台了《国务院反垄断委员会关于平台经济领域的反垄断指南》，旨在降低互联网巨头垄断市场所带来的负面影响。该指南是全球第一部官方发布的系统性、专门性针对平台经济领域的反垄断指南，预示着我国数字经济反垄断趋严。

这些措施将如何促进经济持续、健康发展？又将如何影响我们的生活？值得我们每个人关注。

THINKING

## 想一想

找一找身边的“垄断”案例，也许是小区附近的某家店，也许是你日常使用的某样物品，甚至是玩过的诸如“大富翁”一类的桌游中的商业垄断行为。分析一下该“垄断”行为带来的好处和坏处分别是什么。

- 全球化
- 经济制裁
- 去美元化

THINKING

俄罗斯被
踢出全球
支付系统，

对全球
经济有什么
影响？

2022 年 2 月 24 日，随着俄罗斯总统普京对乌克兰宣战，俄乌战争正式爆发。这场战争不仅给俄乌两国人民带来了巨大的伤痛，更给全球经济带来了严重的影响。战争爆发两天后，为了制裁俄罗斯，以美国为首的西方国家扔出一枚“金融核武器”，他们发表共同声明，宣布将大约 70% 的俄罗斯银行排除在“环球银行金融电信协会”（SWIFT）支付系统外。

# SWIFT 是什么

在解释 SWIFT 之前，我们先来看两个例子。

假设你在上海，想找一个在四川成都的人买“张飞牛肉”。如果你用现金购买的话，那你得把钱从上海寄给他，这就多出了一笔寄钱的费用。如果换作数字记账的话，这笔寄钱费用就可以节省，而且效率更高。

变换一下场景，假设中国的一家航空公司要向美国的波音公司购买一架价值 1 亿美元的飞机呢？如果这家航空公司也要用现金购买，即使用最大面额的纸币比如 100 元人民币，那 1 亿美元相当于大约 6 亿多元人民币。想把这么多钱寄给美国的航空公司，将是多么麻烦的事情！对方收到钱之后要找地方去存放这些钱，还要再去银行兑换成美元……所花费的时间和金钱成本非常高。

正是因为现金流通非常不方便，所以如今的国际交易都通过网络进行数字化结算，也就是说，在各自的银行账户上操作一下就可以了。而想要进行跨国数字化交易结算，离不开 SWIFT 这个系统。因为全世界有许许多多的金融机构，每个国家之间的交易结算标准不同，那怎么才能让两家机构明白“我要给你付多少钱”“你要借给我多少钱”呢？SWIFT 这类平台就是帮助机构进行金融交易信息规范沟通的。

总部设在比利时的 SWIFT，全称是“环球银行金融电信协会”（Society for Worldwide Interbank Financial Telecommunications）。它成立于 1973 年，是一个连接全球几千家金融机构的高安全性网络。最新数据显示，SWIFT 的服务对接了全球超过 1 万多家银行、证券等金融机构，覆盖 200 多个国家和地区。这些机构都是通过 SWIFT 这个平台进行跨境支付的信息沟通和交易结算的。

## 俄罗斯被踢出 SWIFT 系统意味着什么

简单来说，俄罗斯一旦被 SWIFT 系统排除在外，就没法和其他国家进行交易结算了。

什么是结算呢？假设 200 多个小朋友每个人都有一个自己的支付宝。当你把一本书卖给另一个小朋友的时候，他可以通过支付宝转账来支付，钱到达你的支付宝账号上后，你们的交易就完成了。交易完成后，对方账户上的数字减少了，而你账户上的数字增加了，这就叫作结算。

如果有一个小朋友的支付宝账号被禁用了，那么他支付宝账号里的钱就无法正常转给其他小朋友，他也无法从其他小朋友手里购买他想要的东西。同理，俄罗斯被踢出了SWIFT系统，也就意味着他没有办法向其他国家买东西，因为他没法把钱转给其他国家。

这也就是为什么SWIFT被公认为是“金融核武器”，因为“禁用SWIFT”这种经济制裁手段会摧毁俄罗斯的对外贸易，让俄罗斯企业做生意变得极其困难。虽然没有使用“一炮一弹”，却能让一个国家受到严重的打击，这就是经济制裁手段的威力所在。

## 被踢出SWIFT对俄罗斯的影响

当今世界是一个“全球化”的世界，无法使用SWIFT系统会对俄罗斯造成巨大的影响。

什么叫全球化呢？意思就是国家和国家之间不是相互独立的，而是通过“我帮你，你帮我”相互依存的。比如，俄罗斯光靠自己根本没有办法生产本国需

要的所有东西，有很多东西，比如汽车、手机，都需要向其他国家购买。然而，经济制裁意味着其他国家不跟你交换合作了，如果没有办法进行跨国结算和交易，俄罗斯就无法进口各种各样的生活物资来满足国内人民的需求。你可以想象一下，俄罗斯的人可能因此吃不到从智利进口的车厘子，买不到从欧洲进口的汽车，也享受不到从欧洲进口的奢侈品……

再比如，俄罗斯的航空公司原本需要从欧洲的空中客车公司或是美国的波音公司购买飞机、备用零件以及各种技术支持服务，而现在无法继续购买硬件设施和定期检查维修的服务，俄罗斯的飞机就会在比较差的状态下进行乘客和货物的运输，这会将乘客们置于危险之地……

不过，俄罗斯的对外贸易也并非完全被切断了。

首先，俄罗斯还有部分银行依然存在于SWIFT系统中。

其次，西方国家对于俄罗斯的制裁由来已久，所以俄罗斯早就做好了准备。在2014年，俄罗斯就模仿SWIFT创立了一个俄罗斯银行金融信息系统（简称“SPFS系统”）。SPFS系统的使用者主要是俄罗斯的银行，还包括周边国家的23家银行。但即便如此，SPFS系统的规模和SWIFT系统相比，还是相差甚远。

另外，俄罗斯一直在推进贸易“去美元化”进程，也就是说，在和其他国家进行贸易结算的时候不使用美元。要知道，SWIFT 这个“全球贸易记账本”的货币单位主要是美元。因为美国经济的稳定支撑了其货币“美元”的稳定，也就是说，用美元肯定能买到东西，所以全球大多数国家会把自己国家的一部分货币兑换成美元，作为“外汇储备”，用来买其他国家的东西。所以很长时间以来，美元在全球经济中一直占据“老大”的地位。

而俄罗斯一直想打破美元这种“霸权地位”，比如它和中国签署了特别的货币互换协议，俄罗斯用自己的货币“卢布”兑换了一部分中国的货币“人民币”，当它想要买中国的产品时，就可以用手里的人民币直接向我们购买，而不需要用美元，也不需要通过 SWIFT 系统。所以这种制裁对中俄贸易的直接冲击比较小，并没有影响俄罗斯从中国购买日用品。

当然，中国也没有办法提供俄罗斯所需要的所有东西。所以总的来说，俄罗斯人民的生活水平相比之前会有较大幅度的下降，国家的经济也会受到影响。

## 俄罗斯被踢出 SWIFT 的全球影响

一旦俄罗斯无法和其他国家进行贸易，不仅俄罗斯会遭殃，其他国家也会受到负面影响，因为西方国家有些东西原本是要向俄罗斯购买的，现在也买不到了。所以这个制裁手段真可谓“杀敌一千，自损八百”。

既然没法从俄罗斯购买，那么欧美国家只能从别的地方买，而它们距离新的卖家比较远，所以运费成本会上升。另外，因为其他国家没有办法提供这么多东西给欧美国家，所以会导致物品短缺。俗话说“物以稀为贵”，供应短缺也会让这些东西的价格上升，其中最重要的就是石油和天然气。

目前，我们人类社会的发展离不开石油和天然气所驱动的。如果这两种能源的价格上涨，我们开车的汽油费就会上涨；有的发电厂是靠燃烧天然气来发电的，那么电价也会上涨。随着这些物价的上涨，有些人可能就开不起汽车、用不起电，这会导致民众出行不便，生活质量变得糟糕。比如在冬天，欧洲人如果缺少了俄罗斯的能源供应，可能会有冻死或冻伤人的现象。欧洲大多是通过燃烧天然气来供暖，其天然气 50% 以上都来自俄罗斯。而一些炎热地区如果能源供应短缺，夏天可能就没法开空调，尤其在“全球变暖”的大趋势下，高温天气会夺走很多人的生命。

此外，因为没有办法把东西卖给俄罗斯，很多国家原本通过出口赚取的利润也将不复存在。而且受到影响的不仅仅是欧美国家，比如我们的邻国韩国，与俄罗斯每年进出口资金往来就超过 100 亿美元。在俄罗斯，人们开得较多的是韩国制造的现代和起亚汽车。在西方对俄进行经济制裁后，两国的资金往来将变得困难，这些汽车的出口销量也将大大减少。

**2021 年俄罗斯的能源出口**

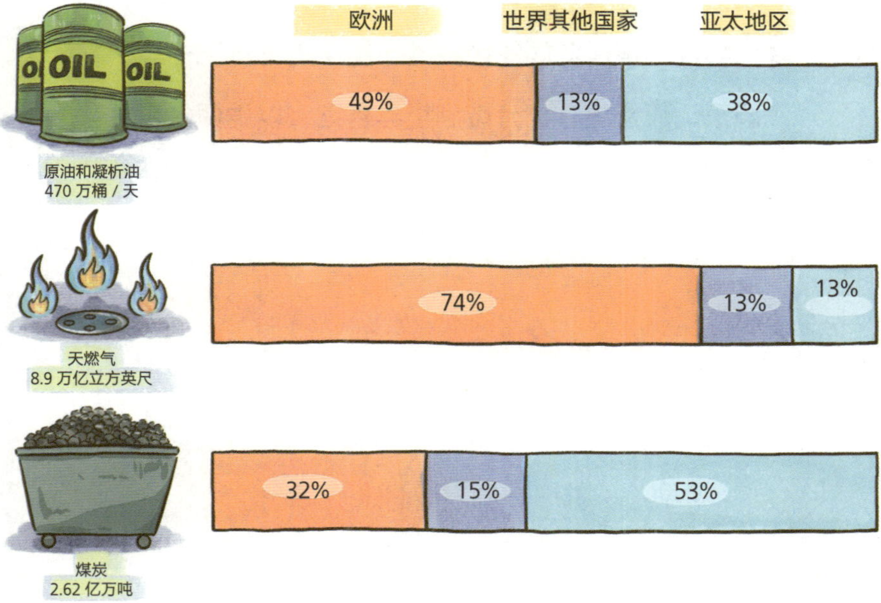

## 致少年

西方国家对俄罗斯的经济制裁给全球贸易带来了许多负面影响，这让我们发现，在经济全球化的当下，没有一个国家可以脱离世界经济这个大家庭而独立存在。

现在，全球化经济模式受到冲击，“逆全球化”的趋势逐渐显现，而西方国家对俄罗斯的经济制裁就好像一个加速器，正在加快这一进程。人们也开始重新审视全球化课题。更多的国家开始尝试不再将本国的产业过于集中地依赖某一个国家，而是将它们分散到世界各地，以确保供应的稳定、安全。

THINKING

## 想一想

你觉得全球化的好处和坏处都有哪些呢？对于中国有哪些影响？

- 实力变化
- 抱团取暖
- 利益权衡

THINKTING

英国为什么
要脱欧？

和我们有
什么关系？

脱欧是什么意思？脱欧就是脱离欧洲。英国作为一个欧洲国家，要脱离欧洲，这是怎么回事？和我们又有什么关系呢？

让我们先来看看地图，英国处于欧洲的西边，但是这样一个国土面积不大的国家却曾经被称为“日不落帝国”。“日不落帝国”一词最早是用来形容16世纪的西班牙帝国的，意思是在它的领土上，太阳永不落下。在英国的鼎盛时期，他们的船和人去了世界上很多地方，强行占领了别的国家和一些地区，并靠掠夺和奴役当地的人民以及不平等的殖民贸易获得资本的原始积累。这些被占领的地方，就叫作殖民地。因为英国的殖民地遍布全球各地，所以后来“日不落帝国”成了英国的别称。与此同时，英语也被传播到世界各地。

英国虽然地处欧洲，但在英国人心里，自己可是老牌大帝国，和别的国家都不一样。

那欧盟又是什么？顾名思义，欧盟（EU）就是“欧洲联盟”（European Union）。从地图上我们可以看出，欧洲的国家都很小，而且数量很多，虽然这些国家经济都比较发达，但是为了寻求更大的发展，大家决定“抱团取暖”，也就是成立一个大家都可以加入的组织，互相帮助、共同成长。

英国曾经是欧盟成员国之一。不过，在2020年的最后一天，英国最终选择了脱欧，也就是离开欧盟组织。现在，欧盟还有27个成员国。

在了解英国为什么脱欧之前，我们先来了解一下英国之前为什么要加入欧盟吧。

# 英国为什么要加入欧盟

1967 年，欧盟的前身“欧洲共同体”（简称“欧共体”，EC）成立。在它成立 6 年后，英国也加入了这个组织。

为什么要成立欧共体呢？大家看一看欧洲的地图就不难发现，欧洲除了俄罗斯以外，其他的国家面积都非常小。各个小国之间的竞争十分激烈，矛盾冲突自然也比较多。

第二次世界大战以后，欧洲各国意识到，如果想防止战争，保持长久和平，就要加强各方面的合作，把大家的利益捆绑在一起，共同发展。

从此，欧洲渐渐走向统一化的道路。1992 年，当时的 12 个欧共体国家通过了《欧洲联盟条约》，欧盟就此诞生。

成立欧盟的重要意义之一是建立欧洲中央银行，并且为成员国发行统一的货币——欧元。

在这之前，欧洲每个国家都有自己的货币，比如法国使用法郎、德国使用马克、意大利使用里拉等。而现在，这些国家统一使用欧元，这样贸易往来会更加方便，无须经过汇率结算，成员国公民在欧盟其他国家工作、生活、旅行，也会更便利。关于这一点，大家也可以想想，我们中国历史上第一个皇帝——秦始皇，统一六国以后做了一件很重要的事，就是把各国形态、价值不一的货币统一。这样，无论是政府管理，还是老百姓日常使用，都会更便捷。

但是，英国却选择不参与这一条款，要求保持原有的货币——英镑。也就是说，英国虽然是欧盟成员国之一，但英国不使用共同的货币，坚持要用自己发行的货币。原因就是，英国曾经是殖民地遍布全球的“日不落帝国”。他们不屑于参加欧洲各国的争端，毕竟大英帝国是有足够底气的。

不可否认的是，从 19 世纪 30 年代到 19 世纪 50 年代，英国主要的贸易伙伴是英联邦国家，也就是那些曾经被英国殖民过的国家。

当时，英国对外出口的东西有一半都是卖给这些国家，他们的经济收入主要来自这些地方。相比之下，对欧洲大陆的出口仅占英国出口的 10%。所以最开始，英国对加入欧共体并不感兴趣。

但是，随着世界格局的转变，英国的态度也慢慢地发生了变化。

第二次世界大战之后，苏联和美国日渐崛起，而老牌帝国英国的国际地位和影响力逐步下降。

哪怕是和欧洲的其他国家相比，英国经济的增长速度也慢慢被意大利、德国和法国超过，而没有加入欧共体就是重要的原因之一。

毕竟欧共体当时是一个欣欣向荣的活跃市场，国家和国家之间的贸易不需要额外交钱，而且作为一个整体和别的国家谈判的时候，无论是价格还是政策上，都会更加有优势。欧洲以外的国家也更愿意和欧共体国家进行交易。

面对逐渐强大的新世界霸主美国和苏联，同时又眼看周边的国家抱团取暖慢慢赶超自己，尽管和欧共体中的其他国家有分歧，英国还是在 1973 年加入了欧共体。

虽然英国最终加入了组织，但它对待欧共体，以及后来的欧盟，态度都是一致的，希望保有自己的独立性。

## 英国脱欧为哪般

2016 年 6 月 23 日，英国举行全民公投，所有的公民都投票表达自己的想法，大家一起决定是否要离开欧盟。最终计票显示，支持脱欧的票数占总数的52%，支持留欧的占48%。也就是说，支持脱欧的一方获得了胜利。

其实，英国想脱离欧盟并非一朝一夕的事。英国加入欧共体的时候就面临着和其他欧共体成员的分歧，而且加入欧共体也没有马上给英国的经济带来起色。相反，受相关政策影响，英国的食品价格反而上涨了很多，引发民怨。

于是，在加入欧共体2年之后的1975年，英国举行了一次关于是否要留在欧共体的全民公投，不过最终以67.23%的赞成票决定继续留在欧共体。

自从英国加入欧共体以来，关于这一决定到底是否正确的争论就没有停止过，英国内部出现了支持拥护欧洲一体化的“拥欧派”（Europhiles）和对此表示怀疑反对的“疑欧派”（Eurosceptics）。

我们先说说想脱欧的这一派，也就是“疑欧派”，他们的两个主要观点为：

一是英国每年要给欧盟缴纳巨额的会费。这对英国来说是一种负担，而且这种负担远远大于欧盟带给英国的好处，说白了就是付出多、收益少。

二是欧盟削弱了自己国家的主权，本国的政府在一些事情上说了不算，要听欧盟的。这对于英国这样余威不减的老牌帝国来说，显然是不愿意接受的。

除此之外，还有后来发生的诸多其他问题，都加剧了欧盟的经济负担和安全隐患。

移民问题：大量来自欧盟其他国家的人在英国找到了工作，抢占了英国本地人的饭碗，尤其是蓝领工人的饭碗。所以，这些公民强烈支持脱欧。

欧债问题：2008年，全球经历了金融危机，经济受到了很大影响。钱贬值后，人们的收入降低了，很多公司倒闭，人民生活水平下降。欧盟也受到了很大的冲击，大多数成员国的经济一蹶不振。此外，2010年希腊爆发了政府债务危机，为了帮助希腊解困，欧盟被迫出资援助，从而拖累了欧盟的其他成员国。

难民问题：2015年，有超过100万的来自欧洲周边战乱国家（比如叙利亚、阿富汗等地）的难民穿过地中海进入欧洲。这么多人口涌入，给欧洲带来了各方面的影响和隐患。尽管欧洲一体化提倡人员自由流动，但面对数量庞大的难民时，很多国家也慢慢建起了“围墙”。

所以，在“疑欧派”看来，欧盟有很多问题，要尽早甩掉才是。

而以上种种事件中，因为英国一直以来和欧盟保持一定距离，所以受到的影响相对较小。比如，应对金融危机，英国不是欧元区国家，就不用遵守欧盟的约束。英国中央银行采取了适合自己的方式，使经济恢复得较快。再比如，面对难民潮，英国因为不属于“申根国家”[1]，所以可以名正言顺地进行边境管控，更好地保护本国公民。

因此，在2016年公投中，很多英国人投了脱欧票。这之后，英国开始了长达4年多的脱欧历程，直到2020年12月31日晚23时的钟声响起，英国才正式脱离了欧盟。

## 英国脱欧的影响

英国终于如愿以偿地脱欧，但任何一件事都有正

---

① 申根国家包括欧盟国家中的22个，另外还有4个非欧盟国家，它们共同决定在其相互间的边境消除护照和入境检查。在申根区内，这26个国家的公民可以像在同一个国家内自由进出各个国家。

反两面，你可以想一想，这会带来什么影响呢？

首先，英镑贬值，也就是钱不值钱了。原来 1 块钱可以买到的东西，现在可能要花更多钱。

其次，“脱欧”会造成劳动力流入减少、贸易及投资下降，这些都会对英国经济增长造成负面冲击。

对于欧盟来说，英国脱欧也将对欧洲一体化前

景产生难以估量的损害。比如，欧盟少了英国每年支付的高额会费，也少了对英国的约束，本该由英国和其他成员国一起承担的责任和义务，都分摊给了别的国家……

需要注意的是，这并不仅仅是欧洲的内部问题，这一事件对全球都产生了巨大影响。英国和世界上的多数国家，包括与中国的关系都面临着不同程度的调整。

对于中国来说，英国脱欧意味着给我们带来了更多机遇，英国将会扩大与中国的贸易往来。同时英镑汇率下跌，这也意味着，我们去英国旅游、留学等更加便宜划算。

此外，对于想去英国留学深造的人来说机会变多了。由于到英国留学的欧盟国家的学生学费上涨，所以数量下降了，留给欧洲以外国家的留学生的机会也就大大增加了。

## 致少年

我们不难发现，英国对于加入欧洲一体化的态度一直在转变，从开始的不屑一顾，到后来的视之为“救命稻草”，再到后来愈发不满决定退出。这样的变化其实很大程度上反映了英国自身和外界相对实力的强弱变化。不管是加入还是离开，这都是英国尝试在为自己的国家谋求更好的出路。

除此之外，我们从这个事件中也可以再次感受到：在如今全球化的世界经济背景下，任何一个事件都不可能和外界无关。一个经济体的变化一定会影响其他经济体，影响到世界上的每一个人。

THINKING

## 想一想

作为一名中国公民，你是否支持英国脱欧？如果你是英国公民，想法会不会发生什么改变呢？为什么？